Sociedades Secretas

Av. Profª Ida Kolb, 551 – Casa Verde
CEP 02518-000 – São Paulo – SP
Tel.: +55 (11) 3855-2100
Fax: +55 (11) 3857-9643
Internet: www.escala.com.br
E-mail: escala@escala.com.br
Caixa Postal: 16.381
CEP 02599-970 – São Paulo – SP

Diretor Editorial: Sandro Aloísio
Produção Gráfica: Cintia Karina dos Reis
Revisão: Ciro Mioranza

ISBN 978-85-389-0004-7

Dados Internacionais de Catalogação na Publicação (CIP)
(Câmara Brasileira do Livro, SP, Brasil)

Quero saber : sociedades secretas / tradução
Constantino Kouzmin-Korovaeff. -- São Paulo :
Editora Escala, 2009. -- (Quero saber)

Título original: Wissen leicht gemacht : secret societies.
ISBN 978-85-389-0004-7

1. Sociedades secretas 2. Sociedades secretas - História I. Série.

09-05436   CDD-366.09

Índices para catálogo sistemático:
1. Sociedades secretas : História   366.09

Realização: Criativo Mercado Editorial
Tradução: Constantino Kouzmin-Korovaeff
Projeto e diagramação: Criativo Mercado

Compact Verlag München
Todos os direitos reservados desta obra são de propriedade da Compact Verlag Müchen. Está proibida a redução parcial ou na íntegra por qualquer meio sem a expressa autorização dos detentores dos direitos.
No Brasil, todos os direitos reservados são reservados à Editora Escala Ltda. Sob licença da Compact Verlag Müchen.

Sociedades
Secretas

Tradução
CONSTANTINO KOUZMIN-KOROVAEFF

INDICE

O QUE SÃO AS SOCIEDADES SECRETAS?
Segredos e verdades 07
Que tipos de sociedades secretas existem? 07

SOCIEDADES SECRETAS DA ANTIGUIDADE
Egito: a sociedade secreta e a doutrina secreta das comunidades sacerdotais 15
Grécia: culto de mistérios 15
Palestina: os essênios 18
Druidas celtas 19

SOCIEDADES SECRETAS DA IDADE MÉDIA
A ordem dos templários 23
Cátaros, waldenses e outros "hereges" 24
Sociedades secretas no islã 27

SOCIEDADES SECRETAS COMO COMPLEMENTO PARA A VIDA POLÍTICA E SOCIAL
Era do Iluminismo 32
Era moderna após 1800 45

ASSOCIAÇÕES RELIGIOSAS
Sociedades e associações secretas 49
Associações das novas orientações religiosas 59

SOCIEDADES SECRETAS NAS UNIVERSIDADES
Apóstolos de Cambridge 71
Skull & Bones 72
Associações de estudantes 75

OUTRAS SOCIEDADES SECRETAS
Organizações criminosas 79
Sociedades secretas africanas 88
Associações com objetivos políticos 90
Organizações secretas terroristas 100
Associações racistas 108
Sociedade secreta ou rede? 115
Sociedades secretas hoje 117

O QUE SÃO AS SOCIEDADES SECRETAS?

Sociedades secretas são associações com fundo político, econômico, religioso, ocultista ou esotérico. O principal objetivo dessas organizações consiste em proteger o conhecimento secreto, mas também a estrutura, os hábitos e intenções são mantidos em segredo para o público. Organizações secretas são detectáveis em todas as épocas da história humana e também existem em nosso tempo. Na melhor das hipóteses, elas surgiram para encorajar o esclarecimento e aperfeiçoamento de seus filiados e libertar a humanidade escravizada de pressões intelectuais, políticas e sociais. Algumas, no entanto, têm também objetivos obscuros com métodos suspeitos e têm em mente apenas a proteção de interesses pessoais. Hoje as sociedades secretas em geral se referem historicamente aos templários, aos maçons, aos rosa-cruzes e aos Illuminati.

⁕ SEGREDOS E VERDADES ⁕

É comum a todas as sociedades secretas ter um saber secreto ou uma doutrina secreta e também um propósito secreto. Elas contam, frequentemente, com uma formação hierárquica, têm rituais específicos de acolhimento e uma linguagem secreta principalmente simbólica, pertencente à chamada disciplina arcana. Os membros são comprometidos com absoluto sigilo quanto à finalidade, rituais, símbolos e ensinamentos de sua sociedade secreta. O conhecimento secreto somente pode ser transmitido dentro da organização. Além disso, os membros e os quadros da sociedade secreta não devem chegar ao conhecimento público. No entanto, podemos dizer que o segredo não é tanto a própria organização, mas que a associação reserva certo conhecimento para si própria. Em que medida levar a sério a este conhecimento é o que se transmite

TAPETE DE LOJA

ali. Uma sociedade secreta é considerada geralmente como um círculo de esclarecidos. Quem é membro desse círculo muitas vezes conseguiu escapar de um ambiente social inferior e está agora numa esfera de escolhidos, que estão postados acima da humanidade comum.

⁕ QUE TIPOS DE SOCIEDADES SECRETAS EXISTEM? ⁕

Justamente pelo fato de as associações secretas serem "secretas" não se pode identificá-las facilmente como tais; por isso também faltam contornos sólidos, e a diversidade de atividades conduzidas ocultamente também contribui para a dificuldade em classificá-las. A transição entre comunidades religiosas, sociedades secretas, seitas e novas religiões é fluida, muitas organizações dificilmente podem ser delimitadas. A Opus Dei, por exemplo, é uma organização secreta, uma seita ou uma ordem cristã? A Al-Qaeda é uma sociedade secreta ou uma organização terrorista islâmica? Até hoje, por vezes, é quase impossível fazer a distinção entre sociedade secreta e rede.

As sociedades secretas são frequentemente divididas em duas categorias – em grupos políticos e religiosos. Mas esta distinção não se enquadra exa-

Você já sabia?

Muitas associações que são consideradas como sociedades secretas, são conhecidas — pelo menos pelo nome. Por isso fala-se hoje de "sociedades discretas", cuja existência é conhecida, mas seus objetivos, rituais secretos e membros são em grande parte secretos (como os maçons e os rosa-cruzes).

tamente no espectro de associações secretas, porque uma sociedade secreta religiosamente motivada pode, sem qualquer impedimento, perseguir também fins políticos. Além disso, muitas vezes, são contemplados interesses econômicos, orientados para redes e interesses sociais. Os contornos, porém, ficam mais claros se nos debruçamos mais sobre os efeitos pretendidos ou objetivos envolvidos. A partir desse ponto de vista geralmente podemos distinguir quatro tipos de associações:

• Associações que querem obter influência política para concretizar objetivos ideológicos; não devemos, contudo, confundir essas organizações com partidos políticos ou grupos terroristas.

• Sociedades secretas estabelecidas por agências governamentais (por exemplo, serviço de inteligência), e que devem agir para o governo em determinadas áreas, não devendo, entretanto, de nenhum modo aparecer como ligadas ao governo.

Linguagem secreta

As linguagens secretas servem para a definição de um grupo, e para a preservação de suas informações internas. Na Idade Média os mercadores viajantes faziam uso de uma linguagem codificada, chamada galês vermelho, que mais tarde passou a ser conhecida como gíria. Na província de Hunan, na China, ao longo de séculos existe a linguagem secreta do Nu Shu, que só as

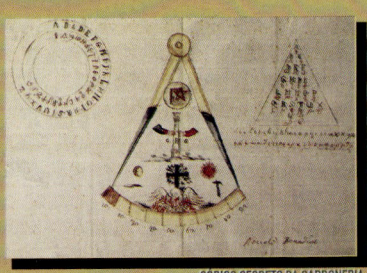

CÓDIGO SECRETO DA CARBONERIA

mulheres que ali vivem compreendem. Sobretudo em tempo de guerra, as mensagens são encriptadas para evitar a leitura das informações pelo inimigo. Assim, durante a II Guerra Mundial, a língua dos índios Navajo, que de outra forma seria rapidamente esquecida, alcançou fama de linguagem secreta perfeitamente decodificada.

• Sociedades secretas que não se esforçam para mudar o mundo, mas criam um mundo paralelo dentro de seu próprio âmbito; estas não são equiparadas a seitas puramente religiosas.

• Sociedades secretas esotéricas, não se devendo, neste caso, compreender esotérico como uma espécie de bem-estar para a alma. O termo "esoterismo" se refere à generalidade dos ensinamentos secretos da antiga Grécia, acessíveis apenas a um círculo interior, especialmente sagrado. O conhecimento esotérico sempre foi um conhecimento secreto – o chamado arcanum (na verdade a designação da alquimia para todos os recursos de elaboração secreta e conteúdo secreto) – que até hoje é o cerne das associações secretas.

No entanto, como estes quatro tipos de sociedades secretas também apresentam subformas aparentadas e trabalham em parte com elementos semelhantes, se tocam e se entrelaçam muitas vezes; elas nem sempre são claramente classificáveis.

▪ Admissão e filiação

Não é raro ver-se as sociedades secretas como ordens hieráquicas com procedimentos de filiação que incluem certas regras e ritos de iniciação. Os membros da ordem têm graus de iniciação, portanto, as sociedades secretas são hierarquicamente organizadas com regras. Nesta estrutura, certos elementos do conhecimento secreto são respectivamente repassados apenas no âmbito dos graus "superiores". Em princípio as associações secretas são altamente regulamentadas. A filiação não era e não é acessível a qualquer pessoa. Fundamentalmente não é possível juntar-se a uma sociedade secreta. É verdade que se pode tentar uma adesão, mas será a sociedade quem decidirá em última instância se alguém será aceito ou rejeitado.

Na verdade um recém-admitido, o assim chamado neófito, no início não pertence realmente a esse círculo iluminado. Ele deve se revelar digno, de modo a subir passo a passo. A cada nível mais alto a que chega o admitido aprende mais sobre a natureza, a estrutura e, especialmente, os mistérios da associação. Para incluir-se no círculo dos "escolhidos", ele deve submeter-se a rigorosos rituais e cerimônias, cujo sentido permanece essencialmente incompreensível para estranhos.

Uma característica fundamental das sociedades secretas é que não se pode ingressar e se desligar à vontade. Quem está incorporado, deve pertencer à associação pela vida inteira. Caso contrário, há o risco de graves sanções; es-

Disciplina arcana

Disciplina arcana é o nome da manutenção de segredo de doutrina e de culto de uma comunidade religiosa perante não-iniciados. Embora o termo só tenha sido cunhado após a Reforma, pode-se encontrar compromissos de confidencialidade já no judaísmo e nas antigas religiões de mistério. No cristianismo, até o século IV as tradições e seu significado (ceia, batismo) eram mantidos em segredo, as cerimônias tinham lugar em segredo. Após o cristianismo ter sido legalizado no Império Romano (313), e a maioria das pessoas ter abraçado a fé cristã, o segredo deixou de ser necessário.

tas poderão ameaçar a subsistência econômica, mas também a vida. Afinal, trata-se da preservação do conhecimento secreto e do pertencimento a um grupo de elite. E a preservação desse conhecimento secreto é um objetivo que para os membros é mais importante do que sua vida.

Ritos de iniciação

A iniciação é geralmente o nome de todos os ritos de consagração introdutória. Através dela um estranho (candidato) é introduzido em um grupo ou comunidade, por exemplo, quando é aceito em tradições tribais, fraternidades ou sociedades, ou cultos secretos.

A iniciação ocorre geralmente segundo um contexto ritual prescrito. Um ritual é um processo usado em atos cerimoniais de acordo com determinadas regras, frequentemente acompanhado por fórmulas verbais e gestos rigidamente estabelecidos. Um ritual pode ser de natureza religiosa ou secular (adoração, casamento, funeral, cerimônia de aceitação). Os cultos mágicos ou as associações secretas são marcados de modo especialmente forte por esses processos elitistas ou misteriosos. As iniciações são frequentemente acompanhadas de provas, quer simbólicas, místicas ou de natureza real, para que sejam medidas a maturidade de caráter e a força interior do "candidato". Os ritos de ordenação dos cultos de mistérios são inspirados pelas iniciações da puberdade das antigas sociedades tribais, onde os jovens da tribo, principalmente do sexo masculino sofriam, por exemplo, uma morte simbólica, e deviam colocar à prova a sua força e sua resistência, para ao final serem incluídos no grupo dos adultos.

MÁSCARA DE INICIAÇÃO DA ÁFRICA CENTRAL

Após alcançada a inclusão em uma sociedade secreta, inicia-se uma espécie de aprendizagem, que deve ser submetida a provas. Dependendo do grau que um indivíduo alcança, é-lhe confiada uma determinada parte do conhecimento secreto. Muitas vezes, a adesão a uma sociedade secreta é comparada a uma longa viagem, que o "escolhido" empreende a partir da borda para o centro da comunidade.

Algumas associações de estudantes também possuem ritos de iniciação. Os novos membros, após um período probatório e com êxito nas provas de ingresso são reconhecidos como membros plenos. Nas associações marciais, a graduação, além de um número determinado de duelos (combates tradicionais e estritamente regulamentados) depende de mais uma condição para a aceitação final. Durante o período de provações, os estudantes são chamados "raposas" e a prova de ingresso, após alguns semestres, "prova das raposas".

Não estar à altura das provas de iniciação pode ter consequências variadas, dependendo do grupo e do tipo de contexto cultural e sociológico. O espectro aqui abrange desde a simples exclusão ou a não-inclusão em um círculo exclusivo até a ameaça à existência da pessoa envolvida.

Você já sabia?

A filiação em sociedades secretas foi por longo tempo proibida como atividade ilícita. De 1851 a 1968 a participação em uma associação secreta era sujeita a pena: até um ano de prisão esperava pelo acusado. Após a revogação da lei o acesso às sociedades secretas foi por fim legalmente permitido.

▪ Teorias de conspiração

As sociedades secretas frequentemente estão associadas com conspirações. Por trás disso está a necessidade de reverter para uma rede de interesses ou de poder racionalmente explicável os eventos ou desenvolvimentos adversos. Os antecedentes para tais teorias de conspiração são as conspirações historicamente reais ou supostas de sociedades ou círculos secretos, que tinham por meta a derrubada da dominação política em vigor. Assim, tanto as conspirações reais como também as simples alegações são ligadas a sociedades secretas. Mesmo a formação de uma associação desse tipo inclui a conspiração como um ingrediente essencial e elemento fundamental para o grupo de "escolhidos", que devem preservar em qualquer caso o conhecimento secreto.

Hipótese do controle central

A hipótese do controle central afirma que desenvolvimentos relevantes e grandes eventos poderiam ser controlados por um pequeno grupo de pessoas poderosas. Com alguns acontecimentos históricos pode-se provar uma tal hipótese de modo inteiramente empírico ou, pelo menos, construir uma teoria respeitável: o incêndio do Reichstag, de 1933, por exemplo, segundo uma tal teoria foi ateado pelos próprios nacional-socialistas e não, como era geralmente imaginado, pelos comunistas. Assim, a chamada Regulamentação do Incêndio do Reichstag pôde ser instituída, desbancando a Constituição de Weimar e dando um passo decisivo para a tomada do poder por Hitler.

Menos estável ou passível de apoiar cientificamente é a teoria conspiracionista de um governo secreto do mundo, que mantém todos os cordões na mão e, portanto, controla o destino da humanidade. Complexas relações históricas são simplificadas e todos os eventos amontoados e explicados por uma grande conspiração mundial – essa construção, na opinião prevalecente no âmbito da política e dos historiadores, não é estável.

TAMBÉM EM TORNO DE SUA MORTE FORAM TECIDAS DIVERSAS TEORIAS DE CONSPIRAÇÃO: JOHN F. KENNEDY

As teorias de conspiração são sempre utilizadas para se desviar das causas básicas dos problemas sociais, tais como guerras, atentados terroristas, o desemprego em massa ou a fome, com o que são personalizados os problemas efetivos e nomeados bodes expiatórios. Sempre se trata, segundo os alegados conspiradores, de um grupo definido e supervisionável: os illuminati, a maçonaria, os judeus, os comunistas, os capitalistas, os ricos – que é responsável pela sua própria incapacidade ou pela sua própria vida difícil. Preparar uma conspiração para outros é simples e eficaz ao mesmo tempo. Com efeito, mesmo a negação de uma conspiração constitui a melhor prova de que realmente existe algo que precisa ser negado. Não é possível provar nem refutar teorias de conspiração, de modo que qualquer crítico pode cair sob suspeita de estar ele mesmo envolvido na conspiração.

Algumas teorias de conspiração apesar de soarem tão absurdas, muitas vezes têm libertado energias e, com frequência, influenciado o curso da história – assim, por exemplo, os illuminati foram responsabilizados pela Revolução Francesa. Consequências de longo alcance também resultaram do processo contra os templários, que pavimentaram o caminho da Inquisição para a perseguição de bruxas. Outro exemplo são os "Protocolos dos Sábios de Sião", que encarniçaram o antissemitismo.

Teorias de conspiração interessantes

1. Os ataques terroristas de 11 de Setembro 2001 devem ser o resultado de uma conspiração do governo dos EUA, ou um grupo específico dentro do governo, que necessitava de um motivo para guerra para assegurar o controle das reservas petrolíferas árabes. Supostamente as mídias ocidentais eram controladas centralmente, para evitar a detecção dos motivos reais desses ataques.

2. Cerca de 10/15% dos americanos não acreditam que a primeira alunissagem tripulada realmente ocorreu. Muitos acreditam que o desembarque foi na verdade uma farsa montada num estúdio de cinema. A razão seria que o governo dos EUA desejava necessariamente e por todos os meios vencer a corrida com a União Soviética.

3. O vírus HIV (agente transmissor da aids) supostamente não surgiu a partir de uma mutação casual, mas foi desenvolvido em laboratórios secretos. A CIA adota o vírus visando um controle populacional no terceiro mundo, e contra as minorias como os homossexuais e os dependentes de drogas em todo o mundo.

4. O presidente norte-americano John F. Kennedy (1917-63) foi assassinado pela Máfia ou pela CIA.

5. Há alegadamente uma organização secreta judaica que busca o domínio mundial. O ainda hoje efetivo panfleto Protocolos dos Sábios de Sião, que difundiu essa tese no início do século XIX, provavelmente é uma farsa da associação secreta antissemita Centena Negra ou, pelo menos, do círculo com ideias similares às dessa associação.

6. Alguém desenvolveu um motor-carburador que necessita de apenas 4 litros de gasolina para mais de 200 quilômetros. Entretanto as grandes empresas automotivas adquiriram a patente e mantêm em segredo esse desenvolvimento técnico.

CULTO SACERDOTAL AO DEUS SOL, RA

SOCIEDADES SECRETAS DA ANTIGUIDADE

A história das sociedades secretas remonta aos tempos antigos. Quase todas as sociedades secretas esotericamente orientadas do nosso tempo relacionam-se direta ou indiretamente com suas precursoras na Antiguidade. No antigo Egito foram as comunidades sacerdotais e, mais tarde, na Grécia antiga, surgiram os cultos de mistérios, e na Palestina a irmandades dos essênios era vista como uma doutrina secreta. Nas sociedades secretas pequenos grupos de pessoas mantiveram, aprofundaram, ensinaram e intercambiaram esses ensinamentos. Para compreender melhor as sociedades secretas de hoje é importante saber algo sobre as associações secretas de ontem e de antes.

☙ EGITO: A SOCIEDADE SECRETA E A DOUTRINA SECRETA DAS COMUNIDADES SACERDOTAIS ☙

No Egito antigo havia um sistema de castas firmemente fechado dentro do qual os sacerdotes pertenciam à casta mais alta e mais influente. Os sacerdotes constituíam a classe mais educada da população. Suas atribuições incluíam a religião com todas as cerimônias e celebrações sagradas, mas também as ciências e as artes. Eles ensinavam as artes da cura e eram responsáveis pelo sistema jurídico. Para executar suas muitas tarefas, os sacerdotes levavam uma vida cheia de privações e estavam sujeitos a inúmeros rituais e leis rigorosas. Dentro das comunidades havia posições inferiores e superiores. Nas proximidades de cada um dos principais templos, o lugar dos deuses, existiam cooperativas de sacerdotes, semelhantes a ordens monásticas, subordinadas a um sumo sacerdote. A sua tarefa era a preservação das formas tradicionais de culto, oferendas e rituais de sacrifício. Embora a religião egípcia tenha se desenvolvido muito pouco tempo após o início do reinado dos faraós, de uma manifestação puramente popular para uma religião sacerdotal, a crença popular continuou a existir paralelamente e se manifestava em confusas superstições. As pessoas acreditavam em magia negra e demônios, celebrando expansivos festivais e traziam oferendas. Para atuar contra essa tendência, o sacerdócio resumiu os elementos religiosos em um todo e, com o tempo, instituiu uma ordem religiosa secreta, com acesso apenas para iniciados. A informação disponível sobre a organização e as formas dessa sociedade é limitada, baseando-se em observações individuais de alguns escritores gregos. De acordo com os seus relatos, a iniciação tinha lugar gradualmente e a posição dos sacerdotes foi dividida em diferentes categorias e graus. O "buscador" tinha de se submeter a uma cerimônia ritual e daí por diante era orientado à reflexão através de determinados símbolos. No fim ele era iniciado no último grau, atingindo assim o mais elevado nível de sabedoria.

Pouco se sabe também sobre a natureza e o conteúdo da doutrina secreta dos sacerdotes egípcios. Provavelmente se tratava de ensinamentos religiosos, filosóficos e científicos.

☙ GRÉCIA: CULTOS DE MISTÉRIOS ☙

São chamadas cultos de mistérios as cerimônias religiosas do mundo antigo, que normalmente eram realizadas em segredo e, por vezes, tinham caráter orgiástico. Os ritos, que eram exercidos pelos iniciados, eram relacionados principalmente com a vida após a morte ou com a fertilidade. Durante as comemorações eram realizadas purificações, sacrifícios, procissões, música e apresentações teatrais. Os mistérios deviam, por um lado, proporcionar uma orientação moral para a vida na terra e, por outro, criar a esperança de uma vida após a morte.

■ Os mistérios gregos

Os mais antigos e mais importantes mistérios gregos foram os mistérios órficos, dionisíacos e eleusínicos, entre os quais os últimos eram também os mais famosos e tinham lugar em Elêusis (hoje Elefsina), nas proximidades de Atenas. Eram consagrados à deusa da fertilidade, Deméter, e sua filha Perséfone. Não longe de Elêusis, Deméter deve ter reencontrado a filha raptada pelo deus dos mortos e, por isso, concedido ao povo local os seus cereais sagrados. O sacerdócio eleusínico era responsável pela orientação. O evento central do festival era a iniciação dos candidatos a sacerdote. O festival se realizava anualmente num círculo sagrado (telesterion) onde apenas os escolhidos (mystikós) eram autorizados a entrar. Era o ponto culminante de uma série de celebrações para um culto à fertilidade que começava na primavera com os pequenos mistérios, nos quais se tratava da violação de Perséfone por Hades, senhor do submundo. Nesse ponto os candidatos, que vinham de toda a Grécia, eram iniciados na primeira fase dos mistérios. Os grandes mistérios, que tinham lugar no outono, apresentavam a migração de Deméter em busca de sua filha, começando com o transporte dos objetos de culto por homens jovens de Elêusis para Atenas e novamente de volta. A cerimônia incluía um ritual de purificação no mar, uma cerimônia de sacrifício e uma grande procissão pela estrada sagrada de Atenas a Elêusis, onde tinha lugar a iniciação em si. Somente helenos eram admitidos.

Quem queria ser admitido precisava ser recomendado por um cidadão já iniciado. Esse intermediário era encarregado também de instruir o candidato em todas as prescrições e regulamentos da ordem.

DEMÉTER E PERSÉFONE

Os mistérios elêusicos preservaram a sua reputação por um longo período de tempo, provavelmente até o final do século IV, e também foram adotados pelos romanos.

▪ A Ordem dos Pitagóricos

A Ordem dos Pitagóricos era igualmente um partido político, uma escola científico-filosófica e uma ordem religiosa fechada, que pode ser descrita quase como uma sociedade secreta. Muito ao contrário dos mistérios, que provieram exclusivamente do mundo dos deuses gregos, a Ordem dos Pitagóricos surgiu sem qualquer influência religiosa. O fundador desse grupo foi o filósofo e matemático grego Pitágoras (cerca de 570-500 a.C.), que é ligado principalmente com o famoso teorema de Pitágoras. A sociedade surgiu em 525 a.C., em Crotona, como uma fraternidade, e existiu provavelmente até o início do século IV. Era uma comunidade estreitamente relacionada e muito fechada, que tinha Pitágoras como mestre. Este, ainda em vida, era venerado como um deus por seus seguidores.

A associação buscava encontrar uma lei suprema que abrangesse todos os fenômenos. Segundo o conceito pitagórico, essa lei era o número, que estabelecia a estrutura de todas as coisas e simbolizava a limitação, contraposta ao princípio do infinito cósmico. Assim, a frase "Tudo é número" é a doutrina pitagórica básica. E porque o universo é uma grande harmonia, o mundo e cada coisa isolada estão em harmonia, através do que o teorema nuclear da doutrina pitagórica se amplia: "Tudo (o mundo todo) é número e harmonia." Daí a grande importância da mú-

PITÁGORAS

sica para os pitagóricos, porque na sua concepção, ela não apenas pertence à eterna ordem do mundo, mas antes completa essa ordem. O enfoque da ética da Ordem era o destino da alma após a morte. Os Pitagóricos estavam convencidos de que existem a peregrinação da alma e a reencarnação.

Os membros da Ordem devem ser conduzidos por consagrações religiosas, por regras morais e determinadas práticas simbólicas à "pureza de vida e respeito por todos os códigos morais". Dentro da ordem havia provavelmente dois graus – os esotéricos, que tinham recebido as iniciações secretas, e os exotéricos.

Estes formavam uma classe exterior, até que mais tarde, através de uma cerimônia solene, eram admitidos à comunidade mais restrita. Para isso, a natureza e o modo de vida dos noviços eram rigorosamente examinados.

Eles tinham de se empenhar na obediência silenciosa, no ascetismo e na introspecção, e submeter-se totalmente à autoridade da doutrina da ordem. Os iniciados viviam em isolamento monástico, e eram reconhecidos por um vestuário especial, e por sinais e linguagens simbólicas secretos. Homens respeitados de toda a Grécia pertenciam à ordem.

Há poucas fontes confiáveis sobre Pitágoras e sua filosofia, pois tradicionalmente seus ensinamentos eram transmitidos apenas oralmente e os alunos eram obrigados ao sigilo. Apenas Filolau de Crotona, aluno de Pitágoras, ousou falar publicamente sobre os ensinamentos pitagóricos, em meados do século V a.C. Tudo quanto sabemos hoje sobre Pitágoras e seus ensinamentos vem essencialmente de relatos isolados de Heródoto e Platão.

PALESTINA: OS ESSÊNIOS

Os essênios eram uma comunidade religiosa judaica semelhante a uma ordem, fundada provavelmente no século II a.C. e que permaneceu até o século IV d.C. Eles se preparavam, através da rigorosa atenção à lei do Antigo Testamento, para o Juízo Final de Deus. Uma vez que a Ordem só conhecia uma distinção — do puro e do impuro — a escravidão era condenada como profanação humana. Transmitiu-se que os essênios compravam escravos de seus proprietários e os libertavam. A ordem se caracterizava geralmente pela caridade para com os pobres e necessitados de assistência. Os essênios eram conhecidos por um rigoroso ascetismo. Eles viviam em isolamento completo em pequenas comunidades independentes, ocupando-se de agricultura e artesanato. Eles se submetiam a representantes eleitos por eles próprios, a quem deviam obediência absoluta.

PRESUMÍVEL LOCAL DE REUNIÃO ESSÊNIO: AS GRUTAS DE QUMRAN

Podia-se entrar para a ordem em qualquer idade. Para a admissão definitiva cada um dos aprovados tinha de cumprir um noviciado pelo prazo de três anos, durante o qual ele conhecia o modo de vida mais estrito da ordem e se comprometia com o mesmo. Somente quando completava todos os graus da ordem ele passava a pertencer aos que uniam em si o maior conhecimento e habilidade dos essê-

❗ Pergaminhos de Qumran

Em 1947, nas proximidades de Qumran (ou Khirbet Qumran), num local de escavações da região montanhosa judaica no Mar Morto, foi feita uma descoberta surpreendente: beduínos encontraram aleatoriamente em uma das cavernas rochosas de Qumran cerâmicas parcialmente danificadas, que continham rolos de escrita de couro, papiro e cobre recobertos de tecido e colados com cera. Estes rolos contêm textos bíblicos do Antigo Testamento, bem como outros escritos religiosos anteriormente desconhecidos e milhares de fragmentos de texto que são atribuídos a uma comunidade religiosa sectária. Os manuscritos são datados de cerca de 150-90 a.C.

Logo após a descoberta da localização, as cavernas e os pergaminhos foram ligados com a comunidade dos essênios, assemelhada a uma ordem religiosa. Na sequência da interpretação arqueológica original Qumran era um local de trabalho e reunião de uma comunidade religiosa, mas sem residências. Os dados disponíveis mostram que não se tratava de um grupo de vida celibatária, mas uma organização social judaica de homens, mulheres e crianças. Que se tratasse da comunidade dos essênios, no entanto, não cabe aos achados arqueológicos comprovar nem refutar. Além disso, os textos religiosos se contradizem, de modo que provavelmente apenas uma parte deles transmite as convicções religiosas dos essênios.

nios. Os discípulos não deviam ter quaisquer segredos diante dos irmãos, e não trair nada para os de fora. Quem violava as regras da ordem era expulso. A ordem, que ainda experimentou um florescimento nos tempos de Cristo, desapareceu completamente da história durante as primeiras décadas da era cristã.

⁂ DRUIDAS CELTAS ⁂

O druidismo foi apanágio da religião dos habitantes celtas da Gália e das ilhas britânicas entre os séculos II a.C. e II d.C. Nas partes não-ocupadas

VISGO

pelos romanos na Grã-Bretanha o druidismo sobreviveu por mais cerca de dois a três séculos, até que finalmente foi suprimido pelo cristianismo.

Os celtas acreditavam na imortalidade da alma e na transmigração das almas.

Os druidas ocupavam-se principalmente com os deuses, seu poder, com o surgimento e o destino do mundo e o futuro da alma humana. Eram sacerdotes, mas também exerciam a função de professores de religião e juízes; o poder mais alto era confiado a um druida supremo. Havia três tipos de druidas: vates (videntes), bardos e sacerdotes. Os vates respondiam pelas atividades do culto e conduziam as cerimônias rituais de magia, adivinhação e exorcismo.

Além disso, ensinavam aos noviços a doutrina prática da religião e tinham habilidades de cura, mas também aplicavam seus conhecimentos de ervas medicinais em ritos místicos. Os bardos acompanhavam o exército nas batalhas, e cantavam canções sobre a coragem para incentivar os guerreiros. Nas solenidades religiosas eles entoavam canções de louvor e, nas bebedei-

STONEHENGE

ras festivas, cantavam as ações gloriosas dos antepassados. Os sacerdotes, finalmente, tinham a tarefa de proteger os ensinamentos transmitidos e conduziam os assuntos de justiça e de estado. Os sacerdotes eram casados, mas viviam muito retirados nas florestas de carvalhos sagrados.

Havia também um grau para membros do sexo feminino: as druidesas – profetisas femininas e feiticeiras com representantes próprias. Elas davam apoio aos membros do sexo masculino, mas não tinham o mesmo poder e a mesma autoridade que estes.

O conhecimento secreto dos druidas era acessível apenas a iniciados e era transmitido numa linguagem mística, compreensível apenas para eles. Nada disso tinha permissão de ser escrito e revelado publicamente. É por isso que nada sobreviveu sobre os próprios os druidas, com exceção de algumas tabelas de encantamentos e textos de consagração.

Os noviços tinham de prometer o mais rigoroso sigilo e viviam totalmente retirados com os outros irmãos. Eram instruídos na arte da escrita sacerdotal, estudos farmacêuticos e jurídicos, matemática, astronomia, natureza e doutrina religiosa. Sua formação podia durar até 20 anos, uma vez que deviam memorizar um grande número de fórmulas mágicas, leis e tradições, já que nada podia ser registrado por escrito. A ordem era encabeçada por um sumo sacerdote, que os membros elegiam em seu meio para a vida inteira. Um cetro e uma coroa de folhas de carvalho eram as insígnias dos dignitários.

Os druidas não tinham apenas deveres religiosos e de culto, mas também eram politicamente ativos, por exemplo como juízes e mediadores entre as diferentes estirpes. Os druidas reverenciavam o carvalho e o visgo, e seus rituais eram geralmente realizados em florestas de carvalhos. Segundo os arqueólogos, os druidas provavelmente utilizavam para os seus altares e templos as pedras monumentais, chamadas dólmens, especialmente porque estes foram encontrados em áreas em que, na antiguidade era praticado o druidismo. Demorou muito tempo para concluir-se que Stonehenge poderia ter sido um lugar de culto dos druidas. No entanto, os recentes achados arqueológicos provêm de vestígios de utilização já a partir do século VII a.C., quando ainda não havia celtas na Grã-Bretanha. Provavelmente mais tarde os druidas utilizaram o círculo de pedras já erigido para determinados rituais. Os druidas dos antigos celtas devem, aliás, ser distinguidos dos druidas da era moderna, uma ordem fundada em 1781, na Inglaterra, e ainda hoje existente.

AS ORDENS DE CAVALEIROS CUNHARAM A IDADE MÉDIA

SOCIEDADES SECRETAS DA IDADE MÉDIA

Na Idade Média, a partir do século XI surgiram, no contexto das Cruzadas, comunidades cristãs como a ligação do monasticismo com o cavalheirismo. Estas ordens tinham funções caritativas e estavam ligadas à luta contra os infiéis. Especialmente conhecidas foram a Ordem dos Joanitas (fundada em 1050), a Ordem dos Cavaleiros Templários (fundada em 1119) e da Ordem Teutônica (fundada em 1190). As ordens de cavaleiros foram inicialmente uma espécie de exércitos permanentes para as Cruzadas – com enormes castelos como bases de apoio. Elas foram altamente respeitáveis, privilegiadas, ricas e poderosas, mas não deixaram de ser controvertidas.
Um grande papel foi desempenhado também pelas associações religiosas, como a dos cátaros, dos waldenses e outros que se encontravam em oposição com a Igreja e por ela foram perseguidos como "hereges". Mas não só nos países cristãos ocorreu a formação de sociedades secretas na Idade Média; no mundo do Islã as sociedades secretas também têm uma longa tradição.

~ A ORDEM DOS TEMPLÁRIOS ~

A Ordem dos Templários foi uma ordem espiritual de cavaleiros fundada em 1119, para proteger os lugares santos da Palestina e os cristãos peregrinos, por Hugo von Payens (cerca de 1080-1136) e sete outros cavaleiros franceses em Jerusalém. Por sua orientação militar ela se distingue da Ordem dos Joanitas e da Ordem Teutônica, que tinham principalmente objetivos de beneficência. Os membros da ordem juravam total pobreza, castidade e obediência. A ordem era estruturada de modo estritamente hierárquico. No ápice estava o grande mestre. Os irmãos da ordem se dividiam em cavaleiros, capelães e irmãos de serviço. A vestimenta da ordem era um manto branco com a cruz vermelha de garras, cujo uso só era permitido a cavaleiros. A consagração era realizada em construções isoladas, durante a noite, para preservar o mistério da ordem. Os candidatos deviam se comprometer sob juramento a proteger ao máximo todos os segredos que lhes eram revelados. Sem permissão, os membros não poderiam deixar a ordem. Para violações de regras religiosas havia um código específico, que estabelecia as penas.

Em 1127 Hugo de Payens e cinco outros membros fundadores viajaram de volta à Europa para atrair novos membros para a ordem. No Sínodo de Troyes, em 1128, a Ordem dos Cavaleiros Templários foi oficialmente confirmada. As regras religiosas foram dadas pelo santo abade Bernard de Clairvaux (cerca de 1090-1153), chefe espiritual da Ordem Cisterciense e, na época, a figura intelectual mais proeminente no cenário ocidental. Ali ele esclarecia as metas dos templários para o ideal da personificação de todos os valores cristãos. Em 1139 o papa Inocêncio II (antes de 1116-1143) emitiu uma bula, segundo a qual os cavaleiros ficavam subordinados diretamente ao papa. Eles foram agraciados com privilégios especiais, tais como a isenção de todos os impostos, e tinham permissão de conceder os sacramentos por meio de seu próprio clero. A Ordem dos Templários evoluiu temporariamente como a mais poderosa ordem de cavaleiros. Muitos jovens nobres tornavam-se cavaleiros, o que proporcionava à ordem cada vez mais dinheiro e terras. Ao final a Ordem dos Cavaleiros Templários acumulava enormes riquezas.

Após o fracasso da última cruzada e a queda de Jerusalém, os cavaleiros templários deixaram a Palestina em 1291 para voltar a Chipre. Através de sua política de poder determinada por seus muitos interesses mundanos, em breve a Ordem entrou em conflito com os seus ideais e sua determi-

JACQUES DE MOLAY

nação inicial. Assim o poder e a riqueza levaram os membros da ordem à oposição contra o governante secular Felipe IV da França (1268-1314). Este pediu a dissolução da ordem acusando os seus membros de fornicação e heresia.

O papa Clemente V (cerca de 1260-1314) submeteu-se à vontade do rei, e em 1305 os membros da ordem foram acusados de heresia e sodomia. Em 1307, adicionalmente, começou a perseguição dos templários pela Inquisição. Em 1312 a ordem foi dissolvida pelo papa Clemente V, no Conselho de Viena. A maioria dos membros foi assassinada, e o último grão-mestre, Jacques de Molay (1250-1314), executado.

Os verdadeiros motivos para a perseguição dos Templários não foram esclarecidos até hoje, bem como as suas alegadas ligações com práticas e ensinamentos gnóstico-esotéricos. Houve muitas lendas e teorias de conspiração sobre o trabalho, os segredos e os tesouros da ordem. Na verdade, não há base científica para provar essas afirmações. A hipótese mais difundida, entretanto, é que o pesadamente endividado rei Felipe IV simplesmente se utilizou da riqueza da ordem.

Você já sabia?
O que foi atribuído à Ordem dos Templários?
- Realização de rituais secretos
- Acumulação de riqueza, que não é compatível com a fé cristã, bem como de poder secular
- Tolerância de relações homossexuais
- Assassinato de crianças

～ CÁTAROS, WALDENSES E OUTROS "HEREGES" ～

Na Idade Média formaram-se inúmeros grupos que se separaram da Igreja ou foram excluídos por causa de doutrinas alternativas. Característicos dos chamados movimentos hereges são seu perfeccionismo e idealismo. Esses grupos desafiavam as idéias prevalecentes e exigiam reformas, que geralmente se colocavam contra toda a instituição da Igreja e todas as autoridades religiosas. A reação da Igreja foi diferente: houve perseguições e tentativas de reconciliação. Embora algumas ordens mendicantes como a dos frades franciscanos fossem reconhecidas pela Igreja, durante séculos outras comunidades sofreram cruéis perseguições como "hereges".

■ Cátaros

Cátaros é o nome de um grupo de movimentos religiosos da Idade Média, que esteve difundido na maioria dos países ocidentais e do sul da Europa. Evidenciou-se a influência dos bogomilos, uma comunidade de crentes, que surgiu no século X na península dos Bálcãs e mais tarde foi proibida pela Igreja como herética. A mais numerosa concentração de seguidores dos Cátaros desenvolveu-se no sul da França, onde também eram chamados albigenses. Uma grande parte da nobreza também fazia parte de seus prosélitos. Uma vez que no seio dos cátaros havia inúmeros pequenos grupos, não se pode falar numa única doutrina cátara. Em geral, no entanto, eles se caracterizavam por uma estrita observância do ascetismo. Eles se opunham ao casamento, à veneração de imagens, de santos e relíquias. Os clérigos, em contraste com o latim da Igreja católica, pregavam em língua vernácula e atingiam vastos estratos da população. Durante sua existência oficial foram considerados um dos mais importantes fatores de poder espiritual e político do seu tempo e atuaram como guias espirituais. Eles chamavam a si próprios "bons cristãos" ou "boas pessoas" e viam-se como a verdadeira Igreja cristã. A composição dos cátaros, bem como os acontecimentos na ordem e os rituais das diferentes fases eram em sua maioria mantidos secretos.

O cátaros mantinham transposições da crença da gnose (fé na redenção), que em muitos aspectos divergiam da doutrina oficial da Igreja – tais como a presumida dicotomia entre "mundo perverso" e "bom reino". Além de seu poder espiritual, esta foi a principal razão para a sua perseguição pela Igreja.

Quase não existem fontes primárias sobre os cátaros, à exceção de uma breve liturgia na língua dos trovadores provençais, do século XIII. Afora esta, tratam-se quase exclusivamente de registros da Inquisição, que praticamente extinguiu essa comunidade em meados do século XIII, como "herege". Outra razão para o declínio do movimento foi provavelmente a propagação das ordens mendicantes, especialmente os franciscanos.

Albigenses

Os albigenses foram a maior seita dos cátaros. Os adeptos da doutrina cátara apareceram na Europa Ocidental pela primeira vez nos séculos XI/XII, no norte da França e na Holanda, onde foram expostos a constantes perseguições. Dali os pregadores foram para o sul da França, politicamente autônomo, onde encontraram muita aprovação. A cidade francesa de Albi se desenvolveu como um importante centro do movimento, daí os cátaros da área do sul da França passarem mais tarde a ser designados como albigenses.

Waldenses

Os waldenses foram originalmente uma irmandade leiga cristã, que o comerciante francês Petrus Waldes (? – cerca de 1218), fundou em Lyon na segunda metade do século XII. Waldes se dedicou por volta de 1170 a uma fé baseada na vida dos apóstolos e alguns anos mais tarde fundou uma irmandade, que levava uma vida estritamente de acordo com o evangelho, seguindo o exemplo de Jesus na pobreza, e devia pregar o evangelho.

INOCÊNCIO III

Waldes distribuiu sua fortuna e, como pregador, passou a peregrinar pelo sul da França com seus seguidores. Desde que os waldenses pregavam como leigos e também recusavam a adoração dos santos, a pena de morte, a indulgência e o batismo católico de crianças, eles foram inicialmente banidos pelo bispo de Lyon, e em 1184 foram excomungados pelo papa Lúcio III (cerca de 1110-85) e perseguidos como "hereges" em toda a Europa.

Após a sua expulsão de Lyon os waldenses se uniram com outras comunidades religiosas, como os cátaros. Além disso, eles se dividiram em uma parte francesa e uma parte lombarda. Os waldenses franceses foram proibidos um curto período de tempo mais tarde pelo Papa Inocêncio III (cerca de 1160-1216) e forçados pela Inquisição a entrar para a Igreja novamente. Isto significou o fim do ramo francês dos waldenses.

Os waldenses lombardos encontraram, apesar das maciças perseguições, cada vez mais aceitação no norte de Espanha, na Itália, na Áustria e na Alemanha, assim como na Europa Oriental. Para se proteger contra as perseguições os waldenses aderiram à Reforma na Suíça. Mas os waldenses da Itália, na esteira da contrarreforma, no século XVII, retornaram ao catolicismo. O waldenses são hoje uma igreja protestante reformada, muito difundida especialmente na Itália. Também na Alemanha há comunidades waldenses (com cerca de 4.000 membros). Mundialmente os waldenses contam agora com cerca de 50.000 membros.

SOCIEDADES SECRETAS NO ISLÃ

No mundo islâmico, após a morte do profeta Maomé (cerca de 570-632), surgiram os litígios relativos à questão de quem deveria ser o seu sucessor legítimo. O resultado foi a separação dos muçulmanos em sunitas e xiitas. Durante este período apareceram numerosas sociedades secretas islâmicas, semelhantes a seitas.

▪ Drusos

Os drusos são uma comunidade religiosa muçulmana, cujos seguidores vivem no Líbano, na Síria, na Jordânia e em Israel. A sua fé é baseada nas tradições dos ismailitas fatímidas (de acordo com Fátima, uma das filhas do profeta Maomé), um ramo dos xiitas, mas se afastaram muito da doutrina islâmica. Sua fé evoluiu a partir do culto ao califa fatímida egípcio al-Hakim bi Amri Allah (reg. 996-1021), a quem os drusos veneram como uma encarnação direta de Deus. Alega-se que a comunidade foi fundada por ele em 1010. Sua morte (1021) é considerada pelos drusos como um misterioso "arrebatamento". Eles acreditam que mil anos depois de sua morte ele retornará para assumir o domínio sobre o mundo. O nome dos drusos é derivado provavelmente do estudioso Muhammad ad-Darasi, que, com o imã Hamza ibn-Ali, continuou a desenvolver a doutrina dos drusos após a morte do califa al-Hakim.

Embora a religião tenha se desenvolvido do Islã, a fé dos drusos difere muito da islâmica. Ela acrescentou elementos novos, emprestados ao judaísmo e ao cristianismo, bem como platônicos e neoplatônicos. Para os drusos Maomé não é seu verdadeiro profeta e o Corão não é a revelação absoluta. Eles também acreditam na transmigração da alma, o que contradiz a doutrina do Islã. Segundo eles, imediatamente após a morte, a alma de um homem passa para um recém-nascido, mas não para animais e destes para pessoas

DRUSOS

novamente. A alma se esforça pela perfeição e após atingir esse objetivo, pela unidade com al-Hakim e com o imã Hamza. A transmigração da alma é um ponto muito importante da religião drusa e está minuciosamente detalhada nos sete livros sagrados Al-Hikme (A sabedoria).

Entre os drusos não existe uma verdadeira função de padre. Seu lugar é preenchido pelos chamados sábios, os iniciados (uqqals), que figuravam como os guardiões do conhecimento e dos segredos últimos da religião drusa. A eles se contrapunha a grande massa de ignorantes dos significados religiosos (dschuhals). Os sábios formaram uma associação secreta com diferentes graus. Para poder ser admitidos, um direito de todos os homens e mulheres da tribo dos drusos, os candidatos devem prestar determinados esclarecimentos em cerimônias solenes e renunciar às liberdades permitidas aos ignorantes. Os iniciados não podem saborear bebidas intoxicantes, e também não podem participar das festas dos ignorantes. Eles usam barretes brancos ou pretos e roupas sempre simples. Eles têm sinais secretos de identificação, por exemplo, certas fórmulas de cumprimentos. Às quintas-feiras têm lugar reuniões de oração, que são separadas por sexo. Os escritos dos drusos só podem ser lidos pelos iniciados. Os ignorantes não conhecem os ensinamentos secretos. Como os drusos frequentemente foram perseguidos como apóstatas pelo Islã oficial, a comunidade se fechou tão bem a estranhos que os de fora só podem ter um conhecimento limitado sobre as crenças e costumes dos seguidores. São drusos apenas aqueles que nascem como filhos de pais drusos. A conversão ou a retirada não é possível. Hoje vivem no Líbano, Síria, Jordânia e Israel, cerca de 400.000 druzos, sendo que só no Líbano eles têm um maior papel político. Ali vive Wladim Dschumblat (nascido em 1949), um dos seus maiores líderes; depois dos xiitas, sunitas e maronitas, eles constituem o quarto maior grupo populacional.

Sufismo

Sufismo é o nome para a tendência mística no Islã que nasceu a partir da meditação constante do Corão e do Hadith (ditos extracorânicos e compilação de normas de comportamento de Maomé). O termo deriva mais provavelmente do árabe "suf" (lã). Era o nome da vestimenta de lã

Os derviches dançantes

Chamamos derviches aos participantes de determinadas irmandades místicas (Tariqa), que emergiram no século XII de comunidades religiosas sufistas. Através de exercícios meditativos ou ascético-extáticos eles buscam a união mística com Deus. Os meios para atingir esse estado são diversos nos diferentes grupos. Entre os Kadiris, por exemplo, isto é feito por meio de certos sons e recitações de fórmulas de louvor a Deus (derviches ululantes). Na cultura ocidental são conhecidos principalmente os derviches da Ordem Mewlewi, que teve suas origens em Konya (atual Turquia). Suas cerimônias são centradas em movimentos giratórios e de dança cada vez mais rápidos, daí o termo "derviches dançantes" ou "rodopiantes".

DERVICHES

branca usada pelos primeiros místicos como um sinal de humildade. O sufismo tenta superar a separação entre Deus e o homem. Para alcançar esse objetivo, o próprio comportamento deve ser combatido. Para isso eles se servem do ascetismo, da contemplação, do amor de Deus pessoal interiorizado ou da dança.

Como após a morte do Profeta se ameaçava a perda dos ideais islâmicos, surgiram a partir do século VIII ordens ascéticas, cujo objetivo era atuar de encontro a esse desenvolvimento. Elas são consideradas como precursoras do sufismo, dos seguidores do sufismo. Eles usavam roupas de lã, viviam na pobreza e pregavam sobre os versos do Corão. Como pai fundador e primeiro sufi figura Hasan al-Basri (640-728), que fundou a primeira escola em Bassorá (hoje Iraque). Entre os séculos X e XII surgiram inúmeras irmandades e ordens, que se distinguiam principalmente nos métodos para adquirir a compreensão de sua unidade com Deus. O sufismo não possui anotações escritas sobre a crença e nem uma doutrina estrita. As tradições e práticas de seus seguidores diferem consideravelmente umas das outras.

Os sufis reconhecem a autoridade espiritual de seus mestres e sua relação com Deus na meditação. Eles acreditam que em cada geração há um "mestre perfeito", cuja presença é necessária à continuidade do mundo. Apenas estará consciente da sua presença aquele que atingiu a experiência plena do sufismo após passar pela superação de seu próprio eu. Além disso, o aluno ("aspirante") permanece em estreita ligação com o mestre, o dirigente da ordem. O mestre transmite em pequenos passos os conhecimentos necessários ao aluno e o acompanha por todo seu caminho. O estudante compromete-se à obediência irrestrita para com o mestre. O conhecimento exato sobre o método é estritamente confidencial e não é divulgado para os membros da ordem. O profeta Maomé foi sempre o modelo e foi considerado o primeiro sufi, que levou uma vida completamente unida com Deus.

No século XII os sufis concentraram-se sobre a formulação de seu pensamento, pois desde o seu início, o movimento precisou lutar contra a suspeita de heresia. Toda doutrina era agora pesquisada em muitos tratados para provar à autoridade islâmica que o sufismo se encaixa perfeitamente nos princípios fundamentais do Islã. No período que se seguiu, o sufismo foi amplamente reconhecido através dos escritos dos antecessores e pôde se difundir em todo o mundo islâmico.

LOJA MAÇÔNICA

SOCIEDADES SECRETAS COMO COMPLEMENTO PARA A VIDA POLÍTICA E SOCIAL

Se as associações secretas da Idade Média tinham cunho sobretudo religioso, nos séculos XVII e XVIII surgiram sociedades secretas que tentavam influenciar a vida política e social. Era a época do Iluminismo, e na Europa mudanças de grande alcance filosófico, social e político se verificavam, de acordo com o domínio da razão. Assim, durante esse tempo foram fundadas sociedades secretas tão significativas como as dos rosa-cruzes e dos maçons, que existem até hoje. Numerosas sociedades secretas políticas surgiram no século XIX, por exemplo, os carbonários na Itália, cujos membros lutavam pela liberdade política e uma forma de governo constitucional, ou os dekabristas russos que aspiravam a uma revolução na Rússia.

⁓ ERA DO ILUMINISMO ⁓

Essa época foi também o tempo da multiplicidade de sociedades secretas, que muitas vezes tinham antecedentes humanitários, mas certamente também perseguiam objetivos religiosos e políticos.

▪ Os Maçons

Os maçons são a maior irmandade religiosa a nível mundial com várias organizações independentes entre si, que defende os valores da burguesia liberal e está comprometida com uma atitude baseada na tolerância e na humanidade. As associações independentes de maçons – as chamadas lojas – surgiram a partir das guildas medievais de cantaria na Inglaterra. Desde as reuniões puramente profissionais do início evoluíram rapidamente sociedades masculinas, cujos membros deviam ser "complementarmente instruídos" em cerimônias secretas. Várias lojas maçônicas uniram-se em 1717, em Londres, para formar uma Grã-Loja, de acordo com cujas regras desde então surgiram organizações similares em todo o mundo.

A maçonaria não é organizada internacionalmente, embora os rituais e cerimônias em todo o mundo sejam os mesmos. As lojas de um país se reúnem em uma ou várias federações nacionais. As lojas são oportunamente criadas pelas grandes lojas. No topo de cada loja há um mestre da loja ("senhor da cátedra"), que é eleito anualmente por todos os membros. Ele representa a

Você já sabia?

A origem da maçonaria remonta mais provavelmente a abrigos de construção na Idade Média. Esses abrigos serviam a associações cooperativas de mestres de obra, oficiais de cantaria e pedreiros empregados principalmente nos locais de construção e nas oficinas de catedrais góticas. Eles percorriam toda a Europa, para participar da construção dessas enormes igrejas. Antes do início da obra, eles construíam seus próprios abrigos, sempre chamados "alojamentos" em que se encontravam, falavam sobre o trabalho e mantinham as ferramentas. Eles se organizavam em irmandades hierárquicas. Daí evoluiu posteriormente, o termo "loja".

Os abrigos de construção eram independentes das guildas. Eles assumiam, além da concepção da estrutura, também a formação de trabalhadores da construção e sua organização social e jurídica.

No período do humanismo e da Reforma, os abrigos perderam cada vez mais importância. Em 1731 os abrigos foram oficialmente suspensos.

Vestimentas dos maçons

Durante os trabalhos da loja os maçons usam uma roupagem tradicional. Esta se compõe hoje, em função da solenidade do evento, de um terno escuro ou smoking, luvas brancas (sinal de pureza da conduta moral e dignidade de atuação) e do avental de pedreiro (símbolo do trabalho). Além disso os irmãos usam o broche distintivo de sua loja e normalmente uma cartola, o chamado "chapéu alto" (símbolo da liberdade e da igualdade fraterna).

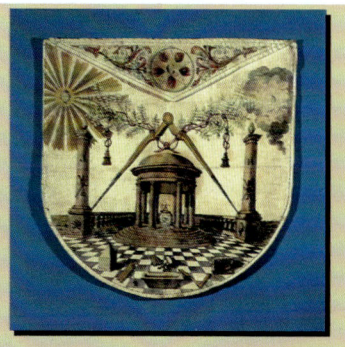

AVENTAL DE PEDREIRO

loja para o exterior, dirige os trabalhos da loja, supervisiona a preservação das leis e o respeito aos princípios maçônicos. Além do mestre, há o primeiro e segundo supervisores, dois condutores, o secretário e o tesoureiro. O mestre da loja, por sua vez, escolhe o grão-mestre que irá dirigir a Grã-Loja. Os membros das lojas são chamados de "irmãos". Sua posição dentro das lojas depende dos níveis (degraus de conhecimento) que alcançam. A maçonaria divide-se em princípio em três níveis: aprendiz, oficial, mestre. Todos os três graus são chamados de graus joanitas, já que João Batista aparece como o padroeiro da fraternidade dos maçons. Nestes se baseiam os graus elevados. Os graus não têm importância hierárquica, mas apresentam o caminho no fim do qual o participante atinge a formação completa.

Os eventos rituais secretos das lojas são chamados de "trabalho do templo" e servem ao autoconhecimento e reforço moral do membro, que deve ser educado para ser responsável no âmbito da sociedade e do estado. Os lo-

FREDERICO O GRANDE

O Templo

Os trabalhos rituais dos maçons acontecem em uma sala especialmente equipada, chamada de templo. O templo de Salomão mencionado na Bíblia foi adotado como um símbolo no qual os maçons vêem a completude de todos os seus objetivos. Dessa forma, o templo de uma loja é construído de acordo com o plano do templo do rei Salomão. Quando o trabalho começa, no meio da sala é estendida a chamada "mesa de trabalho", sob a forma de um tapete. Sobre ela são arranjados os vários símbolos maçons. Em seguida, os irmãos da loja se reúnem ao redor do tapete. Os mais conhecidos símbolos da maçonaria são o esquadro e o compasso.

Mulheres e maçonaria

Desde 1949, existem na Alemanha, ao lado das Grã-Lojas do sexo masculino também Grã-lojas femininas, dentre as quais a Grã-Loja de Mulheres da Alemanha, reconhecida como de atividade maçônica pelas Grã-Lojas Unidas da Alemanha. A ela pertencem apenas lojas maçônicas femininas. Ela se originou do círculo maçônico feminino "Pela Humanidade". As lojas femininas também se identificam com os objetivos da maçonaria – tolerância e humanidade. A Grã-Loja de Mulheres tem a sua sede em Berlim.

cais de reunião são chamados "templos". Os membros são caracterizados pela sua promessa de sigilo sobre os sinais de identificação e os rituais da sociedade secreta, assim como sobre outras informações confidenciais maçônicas. Isso visa garantir que tudo que é dito e experimentado na loja permanecerá confidencial e não será usado fora.

A primeira loja maçônica alemã foi criada em 1737, em Hamburgo. Em 1738 esta admitiu o principe herdeiro prussiano, mais tarde rei Frederico, o Grande (1712-86), o que resultou numa rápida disseminação da maçonaria na Prússia e no resto da Alemanha. A atração da Maçonaria era baseada nesse tempo na ênfase na ajuda humanitária e nas idéias igualitárias. A sua atitude cosmopolita trouxe-lhe, contudo, a desconfiança dos círculos nacionais, e a sua atitude liberal, a da Igreja Católica. Após 1738, vários papas emitiram declarações de tomadas de posição contra os ideais humanistas da Maçonaria. De acordo com o último parecer do Vaticano, de 1918, os maçons foram excluídos da Igreja. Só em 1972 a Igreja declarou-se pronta para o diálogo, e retirou as excomunhões.

Em 1933, a maçonaria foi proibida na Alemanha nazista, os bens da loja confiscados e os seus membros perseguidos. Após a II Guerra Mundial, surgiram novas lojas que em 1958 se juntaram formando as Grandes Lojas Unidas da Alemanha. Hoje existem cerca de 20.500 maçons alemães. Globalmente, o seu número é estimado em cerca de 6 milhões. Não se pode mais descrever a maçonaria atual como uma sociedade secreta. As lojas maçônicas são fortes em todo o mundo, atuando como clubes, especialmente no setor social. O trabalho normal das lojas é constituído principalmente de entrevistas e debates.

Maçonaria no continente

Embora inicialmente a maçonaria, no continente europeu, fosse objeto de riso como uma instituição britânica esnobe, já em 1725 se espalhou para a França, em 1729 para a Espanha e em 1735 para a Alemanha e desenvolveu nesses países uma vida inteiramente própria. Muitas das grandes lojas existentes hoje em todo o mundo são reconhecidas pelas duas principais organizações de cúpula, a Grã-Loja Unida da Inglaterra (United Grand Lodge of England) e a Grande Oriente da França (Grand Orient de France).

Na Alemanha, cinco grandes lojas (mantidas por homens) juntaram-se formando as Grandes Lojas Unidas da Alemanha (Vereinigten Großlogen von Deutschland). Elas são reconhecidas pela Grã-Loja Unida da Inglaterra:
• Grã-Loja dos Maçons Livres e Aceitos da Alemanha
• Grã-Loja Nacional dos Maçons da Alemanha
• Grã-Loja-Mãe Nacional "Para as três esferas mundiais"
• Grã-Loja dos Maçons Britânicos na Alemanha
• Grã-Loja Americana-Canadense

A única Grã-Loja feminina reconhecida é a Grã-Loja das Mulheres da Alemanha.

As grandes lojas liberais reconhecidas pela Grande Oriente da França são:
• Grande Oriente Soberano da Alemanha
• Le Droit Humain (para homens e mulheres)
• Grã-Loja Maçônica Humanitas

MARIA TERESA

A Áustria recebeu a maçonaria em 1742, quando a primeira loja foi fundada em Viena, tendo também como membro o imperador romano-germânico Francisco I Estêvão (1708-65). Sua esposa, a arquiduquesa Maria Teresa da Áustria (1717-80), que não estimava absolutamente a sociedade de homens, emitiu em 1764 uma proibição da maçonaria, embora o seu próprio marido também fosse membro. Somente após a morte da imperatriz, em 1780, a sociedade secreta foi tolerada novamente. Naquele tempo, os homens mais educados e respeitados do reino pertenciam à sociedade secreta. Em 1785 foi publicado um regulamento geral e em 1796 o edito do imperador Francisco II (1768-1835) contra as associações secretas, que significou novamente a proibição da maçonaria. Apesar da resolução, os membros continuaram a se manter próximos. Entre 1809 e 1841 novas lojas foram fundadas secretamente. Somente após a fundação da primeira República Austríaca, em 1918, surgiu a Grã-Loja de Viena. As lojas individuais se uniram desde 1955 na Grã-Loja da Áustria. A Grã-Loja da Áustria dos Antigos, Livres e Aceitos Maçons é reconhecida pela Grã-Loja Unida da Inglaterra. A Grande Oriente da França reconhece:

SOCIEDADES SECRETAS

O conhecimento secreto dos maçons

Os conhecimentos secretos da maçonaria são provenientes do conhecimento secreto do mestre de obras. Os seus mais antigos segredos incluem uma chave especial da construção, chamada Achtort (a palavra "Ort" significa canto). Era um octógono, praticamente um círculo, que continha dois quadrados com uma rotação de 45°, com as linhas dos eixos e das diagonais. O Achtort era utilizado nos abrigos de construção medievais e seu uso transmitido apenas oralmente de mestre construtor a mestre construtor. Naquela época não se desenhavam plantas para as estruturas maciças, como a da Catedral de Colônia. O mestre de obras estabelecia as proporções e, portanto, a estática, através do Achtort. Os mestres de cantaria que deviam colocar com exatidão as pedras para as enormes catedrais segundo essa chave de construção arcavam com uma enorme responsabilidade: se não obedecessem às "medidas exatas", o edifício não seria bem sucedido. As "medidas exatas" também tinham um significado crucial: como medidas para a construção, mas também como medidas para a vida. Assim, o conhecimento secreto dos maçons, no sentido figurativo, é o conhecimento da forma certa de viver.

- Grande Oriente da Áustria
- Grã-Loja Humanitas Áustria
- Ordem Maçônica Hermética Austríaca

A primeira loja na Suíça foi fundada por alguns ingleses em 1736, em Genebra. Também na Suíça de língua alemã surgiram diferentes lojas (por exemplo, em 1740, em Zurique). Desde 1745 as sociedades secretas foram geralmente proibidas na Suíça, mas as atividades maçônicas nunca foram completamente suprimidas. Na Suíça, existem hoje várias lojas sistematicamente ativas. A maioria das lojas regionais – atualmente 80 – está reunida

Maçons célebres

Mustafa Kemal Atatürk	Johann Wolfgang Goethe	Gustav Stresemann
Marc Chagall	Joseph Haydn	Kurt Tucholsky
Sir Winston Churchill	Gotthold Ephraim Lessing	Voltaire
Sir Alexander Fleming	Charles Lindberg	George Washington
Henry Ford	Wolfgang Amadeus Mozart	John Wayne
Benjamin Franklin	Franklin D. Roosevelt	Oscar Wilde
Frederico, o Grande		

na Grã-Loja Alpina (fundada em 1844). Outras grandes lojas são: Grande Oriente da Suíça (20 lojas), Lojas das Mulheres Suíças (14 lojas), Grã-Loja Conjunta da Suíça (nove lojas).

Ingleses que viviam em Paris fundaram, por volta de 1725, a primeira loja maçônica na França, cuja constituição a mesma só recebeu da Grã-Loja londrina em 1732. Durante esse período, em que se originavam novas idéias, como a liberdade, igualdade e fraternidade, que levaram à Revolução Francesa e à fundação da República, a maçonaria na França pôde se difundir muito rapidamente. Em 1728 foi fundada a Grande Oriente da França, até hoje a única Grã-Loja maçônica francesa. Ela reúne atualmente cerca de 900 lojas e representa a maçonaria liberal.

■ Os rosa-cruzes

Os rosa-cruzes são uma sociedade secreta ou também uma irmandade religiosa cujas origens remontam ao século XVII. Segundo a tradição, a ordem foi criada no Egito antigo e continuou existindo sob a forma de sociedade secreta. A Ordem dos Rosa-Cruzes desenvolveu-se na Alemanha após a publicação dos escritos *Fama Fraternitatis* (1614), *Confessio Fraternitatis* (1615) e *Chymische Hochzeit des Christiani Rosencreutz* (1616). Esses escritos, que eram ficção literária, relatam sobre uma irmandade fundada por um certo Christian Rosencreutz, que teria vivido de 1378 até 1484. Durante uma peregrinação ao Santo Sepulcro, Rosencreutz adquiriu a sabedoria "secreta" e o conhecimento da natureza dos árabes. Através do exemplo da ordem essa sabedoria devia ser divulgada e igreja, governo e sociedade deviam ser renovados.

O movimento rosa-cruz englobava pensamento holístico, alquimia, misticismo, espiritualidade e moralidade e os ligava uns aos outros — numa época em que a crença em fantasmas, magia e encantamento desempenhava um papel significativo. A própria irmandade era dividida em círculos (lojas). Além dos membros do seu próprio círculo, os irmãos não conheciam outros participantes. Em algumas

MYSTERIUM MAGNUM DOS ROSA-CRUZES

cidades existiam por vezes vários círculos, sem que um soubesse da existência dos outros. Perto do final do século XVIII o agrupamento maçônico "Ordem da Auri e Rosa-Cruz" entrou em evidência, florescendo na Prússia e exercendo decisiva influência sobre a política. As comunidades rosa-cruzes desapareceram com o advento da maçonaria e dos illuminati. Hoje são entendidas como rosa-cruzes diversas associações secretas que se baseiam na antiga tradição dos rosa-cruzes do século XVII. O símbolo dos rosa-cruzes para a ordem também transmite o seu nome: é uma cruz de ouro com uma rosa vermelha em floração.

▪ Ordem da Auri e Rosa-Cruz

A Ordem da Auri e Rosa-Cruz surgiu no final do século XVIII e não se orientava pelos antigos rosa-cruzes, mas nos jesuítas, e enraizou-se na igreja católica. A ordem, porém, era dividida de modo semelhante ao da maçonaria; sem ser maçom alguém só poderia se tornar um membro da sociedade secreta em raros casos excepcionais. Os três graus joanitas da maçonaria eram, assim, um requisito prévio para a admissão. Seguiam-se nove graus: *junior, theoreticus, practicus, philosophus, adeptus minor, adeptus major, adeptus exemptus, magister e magus*. A seleção para inclusão na Ordem da Auri e Rosa-Cruz era efetuada através de proposta, recomendação e garantia de um rosa-cruz. O selecionado devia em seguida familiarizar-se com as obrigações da sociedade, e responder algumas questões referentes à interação humana, à vida mundana e espiritual, bem como à relação entre a alquimia e o verdadeiro cristianismo. A cerimônia da admissão em si era complicada e dispendiosa e continha muito simbolismo. Ao contrário da maçonaria a ordem atuava em estrito segredo e possuía estatutos rigorosos que prescreviam várias prolongadas reuniões diárias. Assim se estabeleceu no âmbito da sociedade secreta uma ideologia fechada, continuamente autorreferente. O objetivo final dos auri-e-rosa-cruzes era alcançar o poder político, e também a busca da pedra filosofal. A doutrina incluía, ao lado do misticismo cristão e da doutrina mística judaica da cabala, também a magia e a alquimia. Os auri-e-rosa-cruzes foram rigorosos adversários do Iluminismo. Tiveram seu apogeu quando o rei Frederico Guilherme II da Prússia (1744-97) aderiu à sociedade (nome religioso: Ormessus) e depois o favoreceu grandemente. Alguns iluministas viam na ordem secreta uma conspiração que teria tomado posse do governo da Prússia. Quando a sociedade abandonou todas as metas esotéricas e se concentrou no poder político, ela perdeu importância. Em 1800 a Ordem da Auri e Rosa-Cruz foi proibida na Prússia.

▪ A Ordem dos Illuminati

A Ordem dos Illuminati (lat. *illuminati* = iluminados) é uma sociedade secreta fundada em 1776, em Ingolstadt, pelo filósofo e dirigente de igreja alemão Adam Weishaupt (1748-1830), para divulgar e promover as idéias do iluminismo e combater o princípio da monarquia. Os illuminati eram organizados similarmente aos maçons. O sistema de graus religiosos levava a iniciações cada vez mais profundas, mas também a uma maior disciplina, porque o avanço na ordem era ligado a estrita confidencialidade. Os illuminati eram mais poderosos na Alemanha, particularmente na região sul. Adolph, Freiherr von Knigge (1752-96) instalou a ordem também no norte da Alemanha, em 1780, com o que atraiu intensamente novos membros. Entre eles havia muitos nobres e intelectuais do ambiente de Knigge, o que conferia uma importância crescente à ordem. A movimentada e inconveniente natureza de Freiherr von Knigge, no entanto, mais tarde levou a desentendimentos internos na ordem, que após alguns anos culminaram com sua exclusão. Quanto ao mais, contavam-se entre os membros principalmente funcionários, mas também escritores tais como Johann Wolfgang von Goethe (1749-1832), com o nome de "Abaris" na ordem, e Johann Gottfried Herder (1744-1803), com o nome "Damasus Pontifex".

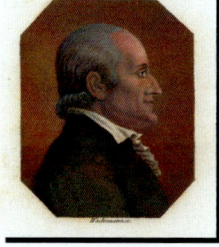

ADOLPH FREIHERR VON KNIGGE

❗ Illuminati – símbolo da conspiração mundial

As especulações de que os Illuminati estiveram envolvidos na Revolução Francesa ou na fundação dos Estados Unidos da América não silenciaram por muito tempo, mas segundo as conclusões atuais, não têm qualquer fundamento. A comoção sobre os Illuminati é aumentada pela nota norte-americana de um dólar. Os símbolos impressos nela (supostamente símbolos dos Illuminati: a pirâmide, o olho, o número 23) são atribuídos à influência da ordem. A sociedade secreta na época de Weishaupt tinha apenas um símbolo – a coruja de Minerva, a deusa romana da sabedoria.

ADAM WEISHAUPT

Os membros recebiam novos nomes com sua inclusão na sociedade; estes deviam contribuir para a igualdade entre os illuminati. Os membros podiam ascender dentro da ordem – a partir de noviço a minerval e, finalmente, a minerval iluminado, a *illuminatus minor* e, em seguida, a *illuminatus major*. A introdução na classe de minerval era feita principalmente à noite, em uma sala remota de iniciação. Tendo respondido corretamente a todas as perguntas o candidato tinha de prestar o juramento da ordem. Em seguida eram-lhe transmitidos o sinal de reconhecimento e a senha, diferentes dependendo do grau. As funções dos membros incluíam a observação do ambiente profissional, dos amigos e até mesmo de suas próprias famílias, de modo que o sistema da ordem se tornava cada vez mais uma espécie de sistema de espionagem. Os illuminati alcançaram uma celebridade tão grande como nenhuma outra sociedade secreta, e avançaram para as conspirações misteriosas por excelência. Por tendências que ameaçavam o estado, a ordem dos iluminados foi proibida em 1785 pelo príncipe eleitor bávaro Carlos Teodoro (1724-99). Para escapar a uma pena de prisão emitida pelo príncipe, Weishaupt fugiu da Baviera para Gotha, onde permaneceu até sua morte em 1830. Apesar da dissolução formal da ordem os membros continuaram ativos em lojas individuais. Por causa de suas alegadas maquinações secretas os illuminati se preocupavam continuadamente com a agitação em público.

Os Illuminati e a Revolução Francesa

Como Revolução Francesa, descreve-se a época da história francesa entre 1789 e 1799, quando o domínio feudal foi removido através da violência e construída uma República burguesa. A Revolução Francesa teve um profundo impacto sobre toda a Europa. Quando a revolução eclodiu em Paris, alguns jornais alegaram que os Illuminati tinham engatilhado a revolta. A teoria de conspiração foi estimulada principalmente através dos relatos dos franceses refugiados, que após a derrubada fugiram para Espanha, Inglaterra e Alemanha, e deram conta das atrocidades dos revolucionários. Esses relatos foram misturados com histórias sobre a "misteriosa" Ordem dos Illuminati e davam asas à imaginação das pessoas, que na verdade não sabiam muito sobre essa sociedade secreta. Os Illuminati enquanto ordem certamente não contribuíram em nada para a Revolução Francesa, e a sociedade nem sequer sobreviveu à queda do regime. Mas os Illuminati forneceram abundância de material para a mais duradoura de todas as teorias de conspiração. Pode-se dizer que a história das conspirações, como a conhecemos, começou a partir desses rumores.

Os Illuminati e literatura

O fato de as numerosas teorias de conspiração sobre a Ordem dos Illuminati ainda hoje não terem perdido nenhum de seus fascínios é explicado pelo número de romances populares em que os Illuminati desempenham um papel importante. O conteúdo desse tipo de literatura geralmente é baseado não apenas em fatos históricos sobre a ordem, mas principalmente em teorias de conspiração correntes. Isto significa que os membros da Ordem dos Illuminati sejam apresentados como inexcrutáveis conspiradores e criminosos, e que informações fictícias e errôneas sobre a sociedade secreta sejam vistas como verdade. Entre as mais conhecidas obras de ficção sobre este tema inclui-se *Illuminati*, de Dan Brown.

■ A Ordem dos Druidas

A Ordem dos Druidas, que foi estabelecida ao final do século XVIII, na Inglaterra, sob a influência dos ideais do Iluminismo e da relação romântica com a natureza, é uma associação de druidas modernos que nada tem a ver com o culto e as crenças dos antigos celtas e seus druidas, mas às vezes se refere a símbolos e tradições do antigo druidismo. Os fundadores escolheram o nome de druidas porque viam neles a personificação da erudição e da ligação com a natureza. O fundador, Henry Hurle, afirmou a respeito em 1781: "Houve, em tempos remotos, homens que se dispuseram a ensinar o povo de seu tempo e introduzir coisas úteis e bonitas. Eram os druidas. Minha sugestão é, portanto, que nós adotemos o nome desses homens sábios." A organização é uma associação de lojas, que se entende comprometida com a humanidade, a tolerância e a dignidade humana, e anseia por esses objetivos não só entre os seus membros, mas entre todas as pessoas. Com sua atuação, ela pretende contribuir para a paz e a compreensão internacional. A estrutura da ordem é semelhante à de outros sistemas de lojas (por exemplo, o dos maçons), onde as lojas regionais são congregadas em uma Grã-Loja nacional. Todas as grandes lojas nacionais (também a Ordem dos Druidas alemã) estão reunidas numa Grã-Loja internacional, fundada em 1908, em Munique, a IGLD (International Grand Lodge of Druidism). A IGLD tem

DRUIDAS INSPIRARAM O FUNDADOR DA ORDEM

um secretariado permanente em Londres, bem como um presidente eleito periodicamente, e realiza a cada quatro anos um Congresso Mundial em outro país (por exemplo, 2008 em Munique, também festa de centenário).

A Ordem dos Druidas é uma sociedade masculina, na qual se pode ingressar a partir da idade de 24 anos. A admissão de novos membros realiza-se com um ritual solene, sobre o qual todos os druidas devem manter silêncio diante de não-iniciados. O novo membro deve se comprometer verbalmente e por escrito com as metas da ordem.

Em geral, os rituais devem promover o senso comum e manter despertas as metas da ordem. De modo semelhante ao dos antigos druidas, a Ordem tem três graus: vates, bardos, druidas. Há também os níveis mais elevados: grau capítulo, grau anel, grau antigo minério, grau cavaleiro. O presidente da loja é chamado "Precioso Minério" e também lidera os rituais. A maioria das lojas se reúne uma vez por semana. O ano da loja começa em 1º de maio, o Festival do Verão e da Luz no ciclo anual dos antigos celtas.

▪ Odd Fellows

A independente Ordem dos *Odd Fellows* é hoje semelhante a uma sociedade secreta humanitária da maçonaria, cuja origem remonta à Inglaterra. As lojas de *odd fellows* podem ser encontradas na Inglaterra desde a primeira metade do século XVIII. A ordem era uma irmandade unida de trabalhadores braçais em construção, que, em contraste com os mestres de cantaria não pertenciam a nenhuma guilda. Apenas a premente necessidade os obrigou a uma integração forte, pois essa época de transição dos tempos medievais para os modernos foi caracterizada pela incipiente industrialização.

Seguindo o exemplo de irmandades semelhantes os *odd fellows* (camaradas ímpares) criaram cerimônias solenes e uma série de sinais e símbolos para se reconhecerem dentro e fora da sua associação. As reuniões foram descritas como lojas em que a discussão de assuntos políticos e religiosos era proibida. As reuniões serviam exclusivamente para a execução de coisas mundanas. A Grã-Loja foi estabelecida em Londres, no início do século XIX. Nessa época emigrantes ingleses trouxeram a ordem dos *odd fellows* para os Estados Unidos. Wildey Thomas (1782-1861), um artesão inglês e dirigente de uma loja de Londres, também emigrou para os Estados Unidos e, em 1819, fundou em Baltimore a primeira *Odd Fellow Lodge* na América do Norte e, dois anos mais tarde, a Grã-Loja de Maryland. Em 1826 Wildey obteve em Londres a licença, e, portanto, o direito de estabelecer lojas e grandes lojas. Em 1842 a Grã-Loja dos Estados Unidos separou-se da Odd Fellows inglesa, e declarou-se a Ordem dos Odd Fellows independentes.

A primeira loja Odd Fellow alemã, a Loja-Württemberg, foi fundada em 1870 em Stuttgart. Outras lojas européias apareceram em Berlim, Dresden e Zurique.

Hoje, a ordem tem lojas em todo o mundo. Elas são essencialmente humanitárias e de beneficência ativa. A Ordem dos Odd Fellows foi uma das primeiras associações que equipou lares para os seus membros mais idosos e para crianças órfãs. A instância máxima na ordem é a chamada Grã-Loja Soberana, com sede nos Estados Unidos. Ela concede licenças para grandes lojas na Europa e outros continentes. Estas grandes lojas dão às lojas individuais o direito a uma jurisdição própria dentro da Ordem.

De acordo com a sua própria representação "...a Ordem dos Odd Fellows dá aos seus membros uma orientação para a concepção de vida, sem fazer imposições. Ela constrói basicamente com a crença em um criador, mas deixa a cada um a sua própria idéia de um poder ou legitimidade superior". A ordem também se esforça para superar preconceitos relativos a ideologia, mentalidade, raça e estilo de vida. A ideia da coexistência tolerante deve ser incentivada. O símbolo da ordem, os três elos de corrente, simboliza as metas dos odd fellows: amizade, amor e verdade. Segundo essa divisa os membros lidam com o humano, atuam na caridade e se esforçam por um pensar tolerante. Dentro da loja, há três graus. Após a cerimônia de iniciação aos mistérios da ordem o candidato alcança como primeiro nível o grau de amizade. A próxima etapa é o grau do amor fraterno. No final o membro atinge o grau da verdade. Na Alemanha, existem hoje, 40 lojas de irmãos com 823 membros, doze lojas-Rebeca (lojas femininas) com 273 membros, e uma loja mista. Na Europa, vivem cerca de 60.000 homens e 35.000 mulheres odd fellows. Mundialmente, existem 12.000 lojas com quase 600.000 membros.

▪ Ordens estudantis

A tendência à participação em sociedades secretas no século do Iluminismo influenciou também o mundo dos estudantes. Foi precedida na Idade Média pela tradição de que estudantes em universidades longe da sua terra estabeleciam conexões informais com seus compatriotas. Numerosas ordens surgiram a partir de um sentido de pertencimento à pátria, porém mais como uma alternativa às formas antigas de associações do país. Sua

ESTUDANTES DE CORPORAÇÃO. 1883

origem remontava à maçonaria, mas tinham como modelo também as ordens literárias e filosóficas dos séculos XVII e XVIII. Essas ordens aspiravam na verdade, como primeiras associações de estudantes, a uma filiação vitalícia, mas além disso queriam também reforçar laços com outras universidades. Embora não tivessem nenhum tipo de aspirações políticas, eram taxadas pelas autoridades como potencialmente perigosas. Na segunda metade do século XVIII, as ordens estudantis experimentaram uma mudança e gradualmente, a partir das formas antigas de associações de compatriotas e de elementos da maçonaria surgiram as primeiras associações (corporações) no sentido moderno.

A proibição de todas as ordens estudantis em 1793 significou o fim desse tipo de associações de alunos. As ordens estudantis nada tinham em comum com as fraternidades que se desenvolveram no início do século XIX, e cujos primeiros dias foram muito políticos. As principais ordens estudantis na Alemanha foram as dos amicistas, dos harmonistas, dos constanistas e dos unicistas. A Ordem dos Amicistas (do latim, amici = amigos) foi uma ordem religiosa de estudantes fundada em 1771, em Jena, dentro da sociedade rural do Mosela. Em sua tradição a ordem se inclinava para a maçonaria, e tinha o objetivo de melhorar os hábitos rudes dos moselanos através de uma conduta moral ordenada. A chamada loja instruída que surgiu mais tarde no seio da ordem se impôs a tarefa de combater as habituais brigas e bebedeiras entre os membros. Para ser aceito o candidato tinha que jurar sobre as leis da ordem e era inteirado sobre os segredos da mesma pelos mais velhos, recebendo por fim o símbolo da ordem (uma cruz em uma faixa amarelo-alaranjada). Em tempos posteriores as cerimônias foram complicadas e a admissão dificultada. A iniciação passou a ter um caráter quase maçônico. No fim do século XVIII, o caráter estudantil da ordem se perdeu, os membros caíram cada vez mais em descrédito. A Ordem dos Amicistas existiu comprovadamente até 1811.

A Ordem dos Harmonistas surgiu em 1781, em Jena, entre os amicistas, e teve o objetivo de restaurar os antigos princípios. Inicialmente os membros se chamavam "irmãos negros" (imitando a maçonaria escocesa), mais tarde, harmonistas. Seus rituais e graus eram semelhantes aos da maçonaria. Essa ordem de estudantes se dissolveu novamente já em 1796.

A Ordem dos Constanistas foi fundada em 1777, em Halle. Essa associação foi muito difundida e altamente respeitada no corpo discente. Os princípios e os objetivos da ordem se entrelaçavam muito com os dos harmonistas. Os constanistas conseguiram manter o caráter estudantil mais do que as associações concorrentes e existiram até 1809.

A Ordem dos Unicistas também surgiu em Halle, em 1781. Seus membros eram principalmente descendentes de famílias nobres do norte da Alemanha. As leis da ordem postulavam o cultivo da amizade e do amor fraterno; o vício era combatido em todas as suas formas. Sobre a doutrina da ordem não se sabe mais que o fato de haver três graus. Também unicistas desapareceram do ambiente das universidades em 1809.

ERA MODERNA APÓS 1800

A partir do século XIX, quando a Europa estava em larga medida sob o domínio de Napoleão I, foram surgindo cada vez mais associações políticas cujos participantes lutavam pela liberdade política. Após a derrocada final de Napoleão o objetivo dessas sociedades secretas, especialmente no oeste e no sul da Europa, era voltado especialmente à introdução de estados verdadeiramente constitucionais. Essas associações, entretanto, não eram exatamente escrupulosas em seus métodos quando se tratava de atingir os seus objetivos, e não recuavam diante de assassinatos e do terror. Também na Alemanha se formaram sociedades secretas de tendência nacional.

▪ Carboneria

A Carboneria foi uma sociedade secreta política surgida no início do século XIX no sul da Itália, que aspirava a independência nacional e lutava por uma constituição liberal. Como Charbonnerie, ela também alcançou influência política na França.

Os membros da Carboneria, chamados carbonários, vinham principalmente das classes média e alta e eram organizados em grupos locais hierarquicamente estruturados. Tal como o dos maçons e outras sociedades secretas, o nome dos carbonários (do italiano, carbonario = carvoeiro) é derivado de uma guilda medieval de trabalhadores. Se bem que dentro da sua organização lembrem fortemente a maçonaria, eles diferem em suas aspirações de liberdade política e na imprudente escolha dos meios evidentes a partir destas.

Os ritos para a admissão à Carboneria eram rigorosos, sobretudo para não serem prejudicados e espionados pelos inimigos. A introdução ocorria gradualmente – havia categorias de aprendizes, oficiais e mestres, através das quais apenas alguns membros atingiam o mais alto grau. Todos eram

CO-FUNDADOR DA GIOVINE
ITALIA: GIUSEPPE MAZZINI
(1805-72)

comprometidos ao segredo absoluto e à obediência incondicional. Cada membro recebia um nome especial da ordem. O significado mais profundo do segredo da sociedade era repassado ao candidato apenas quando de sua inclusão nos graus mais elevados; para isso ele devia passar por provas enquanto aprendiz e demonstrar a sua confiabilidade. Mas o verdadeiro segredo, os verdadeiros objetivos e propósitos da sociedade só eram informados àquele que realizava a ascenção à classe de "grande escolhido": O propósito dos carbonários era político e visava derrubar todos os detentores de poder da Itália, bem como a libertação dos povos, que já não estava longe.

Os carbonários se levantaram na luta pela unificação da Itália em 1820, em Nápoles, numa insurreição malsucedida e em 1830 contribuíram substancialmente para a Revolução de Julho, na França, onde apoiaram o rei Luís Felipe. Os principais membros da sociedade secreta, em seguida, aderiram ao governo do rei. Na Itália, a maioria dos carbonários entrou para uma nova sociedade secreta, criada em 1831, chamada Jovem Itália (Giovine Italia), de modo que a Carboneria perdeu progressivamente sua importância e, em seguida, desapareceu.

▪ Sociedade Secreta Alemã

Sob a pressão do reinado de Napoleão a Prússia teve muito a lamentar, em virtude de o país, com a guerra de 1806-07, ter perdido a condição de grande poder. Assim, durante esse período surgiram na Alemanha várias sociedades secretas com fundo nacionalista. Em 1808 os maçons de Königsberg fundaram a Sociedade da Virtude, cujo objetivo era o reerguimento da Prússia à antiga grandeza. Em 1810 ocorreu a fundação de uma outra organização secreta pelos "pais treinadores" Friedrich Ludwig Jahn (1778-1852) e Karl Friedrich Friesen (1784-1814): Sociedade Secreta Alemã.

Esta foi a primeira sociedade secreta puramente política, e também um novo tipo dessas associações. O objetivo da Sociedade Secreta Alemã era a criação de um estado nacional alemão. A manutenção do segredo tinha que ser levada ao extremo mais rigoroso – como questão de vida ou morte – porque a resistência contra Napoleão era uma empresa altamente arriscada. Assim, os membros da Sociedade Alemã não eram essencialmente personalidades conhecidas, mas homens de todos os estratos da burguesia, que estavam preparados para colocar a vida em risco na luta contra Napoleão. Entre si os membros chamavam-se "amigos". Além da Sociedade Secreta Alemã havia outras sociedades secretas, que preparavam o terreno para as guerras de

❓ Você já sabia?

A sala de reunião dos carbonários era chamada "baracca" (cabana), as reuniões eram "vendita" (comércio de carvão, mercado), o ambiente externo era chamado de "floresta". A totalidade das baraccas de uma província era uma "republica", sob a liderança de uma "alta vendita" (grã-cabana). Os membros de uma cabana eram os "cugini buoni" (bons primos). Pessoas de fora eram chamadas de "pagani" (gentios).

À medida que os carbonários foram conquistando mais e mais influência na vida pública, as mulheres também entraram para a sociedade secreta, e uniram-se em lojas femininas, que eram chamadas "jardins".

libertação entre 1813 e 1815, contra Napoleão. Com a mobilização geral de 1813 a Sociedade Secreta Alemã se desfez, sendo bastante absorvida pelo corpo de voluntários de Lützow. Além do exército regular haviam se formado no início da luta pela libertação os corpos de voluntários, entre os quais o mais famoso foi o de Lützow.

▪ Dekabristas

Os dekabristas (do russo, dekabr = dezembro) foram os participantes de um levante que eclodiu em 26 de dezembro de 1825, em São Petersburgo, contra o autocrático regime czarista. Jovens nobres de espírito liberal e oficiais da guarda haviam se organizado em sociedades secretas e referido às ideias liberais e sociais francesas que se difundiam na elite russa desde o início do século XIX. Os dekabristas se formaram finalmente após a morte inesperada do czar Alexandre I e através do levante tentaram impedir a subida ao trono do czar Nicolau I. Uma parte deles queria transformar a Rússia numa república, enquanto que a outra queria introduzir a monarquia constitucional. Inicialmente reformadores patrióticos, eles se tornaram rapidamente revolucionários conspiradores. A revolta extremamente mal preparada foi logo abatida pelo novo czar. Seiscentos dekabristas foram trazidos à justiça, alguns deles condenados à morte e executados. Muitos foram banidos para a Sibéria. A revolta fracassada causou, por um lado, uma reação do czar com a intensificação do terror policial e, por outro lado, teve como consequência a rápida propagação das idéias revolucionárias entre os intelectuais da Rússia. Os dekabristas foram o primeiro movimento revolucionário conhecido voltado contra o regime czarista e foram considerados mártires pelos revolucionários russos posteriores.

"PAI TREINADOR" FRIEDRICH JAHN

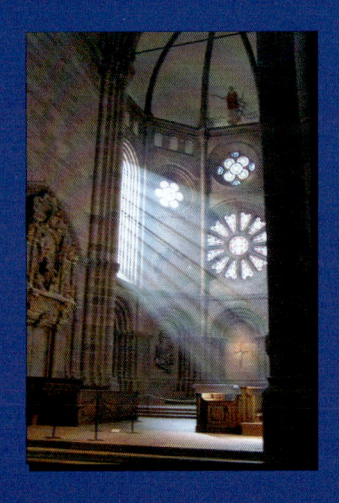

ASSOCIAÇÕES RELIGIOSAS

❧

Ao longo dos séculos muitas comunidades e associações surgiram mais ou menos a partir do cristianismo. Embora as associações puramente cristãs tenham como tarefa especialmente a preservação dos princípios cristãos ou a sua divulgação, os novos movimentos religiosos diferem em relação à religião, porque eles não se entendem a si mesmos como uma confissão e evitam amplamente relações ecumênicas com outras igrejas cristãs. Muitas dessas associações têm um fundo ritualístico-ocultista.

～ SOCIEDADES E ASSOCIAÇÕES SECRETAS ～

As associações cristãs se entendem principalmente como organizações com o objetivo de ajudar as pessoas através de uma educação religiosa para a vida cristã e agradável a Deus. Muitas vezes elementos ocultos ou filosóficos desempenham um papel significativo.

▪ Opus Dei

Opus Dei é uma organização internacional de cristãos católicos, fundada em 1928 por um padre espanhol, Josemaria Escrivá de Balaguer y Albas (1902-75), e aprovada pelo papa em 1950. Em 1982 a Opus Dei foi elevada, pelo papa João Paulo II (1920-2005), à condição de prelazia pessoal (unidade introduzida por um decreto do Vaticano para atividade pastoral não territorial). Assim, a ordem não podia mais ser controlada por ninguém da Cúria, já que agora possuía o estatuto jurídico da igreja de diocese. O dirigente estava agora na posição de bispo, e só era responsável perante o papa. A Opus Dei visa tornar realidade os princípios cristãos na vida secular e se vê principalmente como uma associação de leigos que desejam praticar uma vida cristã cotidiana consequente.

JOSEMARIA ESCRIVÁ

A ordem é dividida em duas suborganizações, uma para homens e uma para mulheres (desde 1930), cujos membros, a pedido, mesmo após a adesão podem conviver com os seus círculos familiares. A organização é estruturada hierarquicamente de acordo com o modelo das dioceses. Ela é conduzida pelo prelado da Opus Dei. Os leigos, como os outros católicos, são subordinados ao bispo regional, mas são vinculados à Opus Dei por um contrato adicional. Esse contrato determina a sua vida religiosa e influi familiar, profissional e politicamente sobre a vida secular.

Os leigos da Opus Dei organizados similarmente aos mosteiros são os chamados numerários, exclusivamente homens, que vivem como celibatários em assentamentos especiais, perfazendo cerca de 20% dos seus membros. Muitos deles continuam trabalhando em suas profissões burguesas. O numerário entrega os seus ganhos para a gestão dos centros e só retém dinheiro miúdo. Alguns são ordenados padres, mas continuam sendo numerários. Além disso existe também a possibilidade de se tornarem supernumerários. Esses membros podem se casar e continuar vivendo junto com suas famílias, e constituem os cerca de 70% da parte maior da sociedade secreta. Muitas vezes são políticos, altos funcionários ou grandes das finanças, com os quais

Você já sabia?

Para se penitenciar das impurezas, dos pecados do mundo e se tornar santo, segundo a Opus Dei, um certo ascetismo físico é necessário. As orações e as autoflagelações devem substituir o desejo, a curiosidade, o prazer físico e intelectual. Quanto aos instrumentos de flagelo, tratam-se de um chicote de penitência, que deve ser usado semanalmente, e uma correia de penitência com pontas metálicas voltadas para dentro, que deve ser usada diariamente por duas horas apertada em volta da coxa, para matar a "carne pecaminosa".

JOSEMARIA ESCRIVÁ FOI CANONIZADO EM 2002 POR JOÃO PAULO II

a Opus Dei se ocupou desde o início e que apoiaram a ordem com valores substanciais.

A associação tem atualmente mais de 85.000 membros de todos os estratos sociais, cerca de 1.800 sacerdotes, 2.000 sacerdotes diocesanos e em torno de 83.000 leigos. Os dados são provenientes de publicações oficiais da associação, uma vez que não existem estimativas independentes, com base na estrita não-divulgação. O persistente trabalho de esclarecimento nas últimas décadas, os numerosos escândalos financeiros e políticos nos quais a Opus Dei esteve envolvida, e também o efeito de romances tais como *Sacrilégio*, de Dan Brown, asseguraram que a organização se tornasse amplamente conhecida do público, mas conferiram também uma imagem muito má à Opus Dei. Além disso, o associação ficou exposta à maciça crítica pública devido às suas práticas proselitistas e as tentativas de influenciar os jovens. Fortemente criticada, mesmo dentro da igreja, foi também a rápida canonização do fundador da ordem – Josemaria Escrivá foi beatificado em 1992 e em 2002, canonizado pelo papa João Paulo II, após o mais curto tempo de espera, até então, na história. A Opus Dei atua hoje em mais de 80 países, com ênfase nos países de língua espanhola e na Itália, onde está localizada a sede. Suas instituições seculares incluem centros de formação de artesanato e agricultura, escolas, residências estudantis, escolas de economia bem como centros culturais e de beneficência.

■ Horpenitas

Os horpenitas (Sociedade dos Lutadores pela Fé e Verdade) são uma sociedade secreta cristã fundada em 1920, em Dresden, e que atuou

Priorado de Sião – um mundo secreto imaginário

O Priorado de Sião, ou Irmandade de Sião é o nome de uma suposta sociedade secreta que teria sido fundada em 1099 por Godofredo de Bouillon (cerca de 1060-1100) durante a primeira cruzada, em Jerusalém. Na realidade, é uma associação criada pelo francês Pierre Plantard (1920-2000) em 1956 na cidadezinha francesa de Annemasse, lançado com o nome da montanha próxima, monte Sion. Plantard inventou a história da fundação da ordem, que tentou provar através de documentos falsos. Além disso, a ordem teria o objetivo de preservar um segredo, que teria sido transmitido de geração a geração desde os tempos de Cristo. O "grande segredo" consistia do "casamento de Jesus com Maria Madalena", do qual teria resultado uma filha. A linhagem de sangue de Jesus teria alegadamente sobrevivido aos reis merovíngios, e continuado a existir até hoje. Segundo os documentos forjados por Plantard, celebridades como Nostradamus, Leonardo da Vinci, Isaac Newton e Victor Hugo figuraram como grão-mestres da ordem. Tudo isso é apenas uma história emocionante que serviu de modelo, entre outros, para o thriller norte-americano *Sakrileg*.

principalmente na Saxônia e em Berlim. A reencarnação ocupa uma posição central nas idéias dos horpenitas. Os seguidores acreditam que a alma precisa experimentar múltiplos renascimentos para se tornar um ser divino. Elementos espiritualistas também desempenham um papel importante: para os horpenitas existem seres espirituais tais como as almas incorpóreas, com os quais, sob determinadas condições, pode-se entrar em contato. Os membros dessa sociedade secreta acreditam na cura de doenças por forças espirituais e dependem, em grande medida, de remédios naturais. O símbolo dos horpenitas é a cruz com o cisne, onde este representa o espírito da verdade e a cruz, o cristianismo. A rosa-cruz também é usada como símbolo e deve indicar que a sociedade secreta vê suas raízes nos antigos rosa-cruzes.

Sobre a estrutura da ordem se conhece muito pouco, uma vez que a estrita disciplina arcana dificulta particularmente as investigações. A associação é composta por vários círculos, através dos quais os membros podem subir. Os membros são recrutados em grupos de amigos, bem como em reuniões de grupos para a troca de informações entre os iniciados e para a formação, geralmente camuflada como estudos bíblicos. A sociedade secreta dos horpenitas teve seu apogeu nos anos 20 do século passado. Após a proibição pelos nazistas, em 1935, os membros prosseguiram os seus trabalhos subterraneamente, e a ordem continuou existindo, também na República Democrática da Alemanha. Como no caso dos horpenitas se trate de uma das sociedades religiosas mais secretas, quase não são conhecidos detalhes de seu desenvolvimento após a queda do Muro de Berlim. Considera-se certo, porém, que a ordem se reorganizou por todo o espaço alemão, e ainda atua em segredo.

■ A Ordem do Tosão de Ouro

Desde o século XIV príncipes e reis autorizaram a criação de novas ordens de cavaleiros, que deviam servir em parte para afastar os hereges, em parte para a integração da nobreza na vida da corte. Algumas delas ainda existem hoje em dia – incluindo a Ordem da Jarreteira, na Inglaterra e a Ordem do Tosão de Ouro.

A Ordem do Tosão de Ouro foi fundada em 1430, por Felipe, o Bom (1396-1467), duque de Borgonha, como uma comunidade de cavaleiros com base no modelo das ordens monásticas. A defesa da fé católica, a proteção da Igreja e a salvaguarda das virtudes cavalheirescas eram as metas visadas. A ordem é dedicada à Virgem Maria e tem Santo André como patrono, por isso 30 de novembro ainda hoje é o dia oficial da ordem, em que novos membros são admitidos.

A ideia básica da Ordem do Tosão de Ouro é a imagem de igualdade e fraternidade entre os seus membros. O seu número era inicialmente limitado a trinta e os cavaleiros não tinham direito a pertencer a nenhuma outra ordem. Eram isentos de impostos e só estavam subordinados à jurisdição da própria ordem, que se compunha dos cavaleiros da ordem e do soberano da ordem. Ao longo do tempo, essas regras foram relaxadas e a filiação à ordem se tornou um privilégio, como recompensa por mérito especial, concedida pelo imperador. O símbolo da ordem é a representação de uma pele de ouro de carneiro e se refere à saga dos argonautas da mitologia grega. Ao longo do tempo o símbolo adquiriu

FELIPE III DE BORGONHA

Símbolos da ordem – Aparência e significado

A corrente da Ordem do Tosão de Ouro é composta simbolicamente de 31 elos – um elo para cada um dos 30 cavaleiros originais da ordem, entre os quais o soberano da ordem é o único representado por dois elos. Esta cadeia representa o princípio de uma ligação indissolúvel válida até quando existir cada elo individual. Assim a ordem deve manter os seus membros juntos através da igualdade e da fraternidade. Cada elo da cadeia é feito com pedra-de-ferro e pedra-de-fogo, e da corrente pende o tosão de ouro (o pelego de carneiro).

importância própria e tornou-se o arquétipo da atual ordem do mérito. Após a extinção dos duques de Borgonha, em 1477, a ordem ficou a cargo da linhagem espanhola dos Habsburgos. Em 1700 a ordem foi dividida em duas linhas – o ramo espanhol dos Bourbons e o ramo austríaco dos Habsburgos, que continuam a existir ainda hoje. Desde 2000, o chefe e soberano da Ordem do Tosão de Ouro é Karl Habsburg-Lothringen (n. 1961), neto do último imperador austríaco, Carlos I. Hoje a linhagem nobre deixou de ser obrigatória para a graduação na ordem.

A saga dos argonautas

O navio Argo, o lendário e rápido barco com 50 remos deu nome aos argonautas (tripulantes do Argo), os companheiros de viagem de Jasão na mitologia grega. Seu objetivo era Cólquida, onde pretendiam roubar o velocino ou tosão de ouro, para levá-lo à Grécia. O velocino era a pele do carneiro Crisômalos, um animal falante, que além disso também podia voar. O carneiro havia ajudado o filho do rei Frixo a fugir de sua madrasta impiedosa. Ao final da bem-sucedida fuga Crisômalos foi levado em oferenda a Zeus e sua pele, o velocino ou tosão de ouro, ficou protegida em um bosque sagrado da Cólquida. Jasão finalmente conseguiu, com ajuda da filha do rei da Cólquida, Medeia, entrar na posse do velocino. Ele casou-se com Medeia e, depois de algumas andanças, chegou finalmente de volta à sua terra natal, onde entregou o tosão de ouro a Pélias.

■ SOCIEDADES SECRETAS

■ Ordem dos Cavaleiros do Santo Sepulcro em Jerusalém

A Ordem dos Cavaleiros do Santo Sepulcro em Jerusalém é reconhecida como comunidade religiosa de padres e leigos católicos, subordinada diretamente ao papa e com sede na Cidade do Vaticano. À frente da ordem encontra-se um cardeal da cúria, como "grande mestre cardeal". A ordem não se iniciou no tempo dos cruzados, como o nome talvez sugira, mas tem suas origens no século XIV, na tradição desde então estabelecida de conferir as ordenações de cavaleiros no lugar da morte e ressurreição de Jesus Cristo. Essa tradição foi mantida viva através dos séculos pelos franciscanos, como guardiões do Santo Sepulcro, em Jerusalém. A forma atual foi concedida à ordem pelo papa Pio IX (1792-1878). Sob os papas, foram-lhe dados novos estatutos e a consolidação jurídica eclesiástica. A condução da vida cristã por seus membros, em especial a fidelidade à Igreja e ao papa, é agora o fundamento da ordem. A Ordem dos Cavaleiros do Santo Sepulcro vê a sua tarefa principal no apoio espiritual e material às atividades e as instalações da igreja católica na Terra Santa, como a construção e manutenção de igrejas, escolas, creches, lares de idosos e outros equipamentos sociais. Outro objetivo da ordem é o de promover a vida cristã dos seus membros.

PIO IX

Na ordem são admitidos mulheres (damas) e homens (cavaleiros) que tenham se destacado especialmente como cristãos católicos. Solicitações de adesão não são possíveis. As admissões são feitas exclusivamente após uma proposta apresentada por membros. A inclusão na Ordem dos Cavaleiros do Santo Sepulcro acontece durante um rito solene, a investidura. O ritual de investidura em si consiste de uma santa missa solene, ligada ao juramento, à entrega do símbolo (a Cruz de Jerusalém, vermelha, repetida cinco vezes) e do manto da ordem pelo grão-prior da etnarquia, bem como da sagração para os cavaleiros leigos. Assim, os membros da etnarquia alemã se encontram duas vezes por ano, geralmente em cidades alemãs com bispado, para a inclusão de novos membros na ordem.

A ordem tem cerca de 20.000 membros em todo o mundo, em 50 etnarquias instaladas em 30 países. A etnarquia alemã tem cerca de 1300 membros.

■ Mormonismo

Os mórmons são uma comunidade cristã fundada em 1830 por Joseph Smith (1805-44), nos EUA, no estado de Nova York, sob o nome de "Igreja de Jesus Cristo dos Santos dos Últimos Dias" (The Church of Jesus Christ of Latter-day Saints). Após sua fundação, os mórmons foram sujeitos a perseguições e fugiram primeiro para Ohio em 1839 e em 1846/47 para o Grande Lago Salgado, onde fundaram a cidade de Salt Lake City, atual sede da comunidade. A associação se situa nos Estados Unidos entre as cinco maiores comunidades religiosas. Os membros chamam a si mesmos de "santos dos últimos dias" e veem-se como cristãos, embora contradigam muitos aspectos do ensino e da prática tradicionais da Igreja cristã.

A doutrina mórmon é baseada em quatro livros: a Bíblia, com o Antigo e o Novo Testamento, o Livro de Mórmon, lançado por Smith em 1830, e os escritos produzidos por Smith, *Doctrine and Covenants* (Doutrina e alianças) e *Pearl of Great Price* (Pérola de grande preço).

TEMPLO MÓRMON EM SALT LAKE CITY

Os escritos de Smith são revelações que ele teria recebido de Cristo. Embora os mórmons pratiquem a tolerância religiosa e respeitem outras comunidades religiosas, eles consideram apenas o seu próprio movimento, como determinado e reconhecido por Deus, "a única igreja verdadeira e viva do mundo". Devido a essa convicção eles espalham a sua mensagem em todo o mundo, e também convertem outros cristãos. Os mórmons também não pertencem nem ao movimento ecumênico nem ao Conselho Ecumênico das Igrejas. Por esta definição estrita eles mostram que têm um entendimento fundamentalmente diferente do cristianismo do que a maioria das outras igrejas cristãs.

A igreja mórmon tem uma rígida estrutura hierárquica, muito semelhante à das sociedades secretas, baseada na colaboração dos leigos. Estes ocupam cargos nas diversas congregações (circunscrições), presididas durante cinco anos por um bispo, com dois assessores; os cargos são atribuídos em uma base rotativa. Várias circunscrições formam um "monte de Sião", dirigido por três presidentes e doze altos conselheiros. Vários "montes" representam uma região. O grêmio diretor é composto pelos principais presidentes, apóstolos, e altos sacerdotes que trabalham em tempo integral. O verdadeiro poder de decisão cabe à organização central composta de três bispos e da presidên-

? Você já sabia?

As construções especiais das igrejas mórmons são designadas como templos. O templo é visto pelos membros como um lugar sagrado muito especial, onde as pessoas estão particularmente voltadas para Deus, entrando para as assim chamadas alianças do templo. Os novos membros devem ter passado pelo menos um ano como fiéis, antes de obter o acesso ao templo. No templo são realizados os seguintes atos sagrados: o batismo para os mortos, a dedicação e a confirmação. A dedicação é a cerimônia realizada por um membro da igreja em seu próprio nome em sua primeira visita ao templo. Nesse ato sagrado o membro é instruído de forma simbólica sobre a salvação. Os rituais têm semelhanças com as ações do ritual maçônico. Através da confirmação, os cônjuges e famílias, de acordo com a doutrina da comunidade, ficam ligados para sempre. Os visitantes do templo são obrigados a manter-se fora do templo em certas partes da cerimônia, mantendo silêncio.

cia dos septuagenários, com sete presidentes. Acima situam-se o Conselho dos Doze Apóstolos, o grupo de bispos presidentes assim como o presidente (geralmente descrito pelos mórmons como um profeta) e seus dois conselheiros, que se reúnem regularmente.

O serviço é composto de canções, orações, da ceia do Senhor e de pregações dos leigos. Os mórmons são ativos como missionários e têm um bem-organizado programa de caridade que ajuda os necessitados. Muitos membros da comunidade organizam e assumem tarefas humanitárias e sociais. Segundo a palavra de sabedoria eles renunciam ao uso de chá, café, álcool e tabaco.

Os mórmons diferenciam-se de igrejas cristãs como a protestante quanto aos conceitos da natureza de Deus, da compreensão das igrejas ou da salva-

! Os Danitas

Os "Anjos destruidores" ou "filhos de Dan", ou "Danitas" era o nome de uma sociedade secreta do século XIX, fundada no contexto mórmon. Se e até que ponto a sociedade secreta estaria em conexão com o fundador Joseph Smith, e talvez até mesmo recebendo suas instruções, ainda é incerto. É certo, porém, que o objetivo da associação era combater os inimigos da Igreja de Jesus Cristo dos Santos dos Últimos Dias e punir os apóstatas. Os Danitas também foram inculpados pelo massacre da montanha Meadow, onde, em 11 Setembro 1857, um trem de colonos foi atacado e mais de 100 pessoas foram mortas.

ção. Eles são contra o aborto, mas também contra o controle de natalidade e as mulheres em cargos espirituais. A poligamia original foi oficialmente abandonada em 1890, mas continua sendo praticada por alguns mórmons, apesar de já não serem publicamente representados pela igreja. Hoje, em nível mundial, mais de 12 milhões de pessoas são reconhecidas como mórmons, metade das quais vivem nos EUA. Na Alemanha, as primeiras congregações mórmons foram fundadas nos anos 1850. Hoje, existem congregações dos mórmons em muitas grandes cidades alemãs, bem como dois templos – em Freiberg, na Saxônia e em Friedrichsdorf, no Taunus. Na Alemanha vivem cerca de 35.000 mórmons. Em Hesse e Berlim, a comunidade tem o estatuto de empresa pública, nas outras províncias é organizada como associação de direito privado.

▪ Testemunhas de Jeová

As Testemunhas de Jeová são uma comunidade cristã internacional, fundada em 1870 pelo espiritualista norte-americano Charles Taze Russell (1852-1916) na cidade de Pittsburgh, nos EUA. Os membros eram originalmente conhecidos como russelitas. Hoje, a gestão é subordinada à Watchtower Bible and Tract Society (Sociedade Bíblica e de Propaganda Atalaia), fundada em 1884 na Pensilvânia.

Os membros europeus da seita pertencem à sucursal de Londres registrada como Sociedade Internacional dos Investigadores Bíblicos (até 1931 as testemunhas de Jeová usavam o termo "investigadores bíblicos sérios"). A sede internacional fica em Brooklyn, Nova York. As Testemunhas de Jeová acreditam no segundo advento de Cristo, vêem-se como defensores do cristianismo primitivo e a cada uma de suas "testemunhas" como um servo do Senhor. Atribuem importância à investigação da Bíblia, bem como à absoluta obediência aos mandamentos bíblicos. As Testemunhas de Jeová baseiam na Bíblia a sua espera do fim dos tempos, a absoluta rejeição dos dogmas e festas religiosas, do batismo de crianças e a recusa de alimentos com sangue e transfusões. Rejeitam qualquer colaboração ecumênica e a filiação em organizações ecumênicas, já que consideram as igrejas que participam como pertencendo à "falsa religião". De acordo com a doutrina das Testemunhas de Jeová, o ano de 1914 significou o início do invisível domínio de

CHARLES TAZE RUSSELL

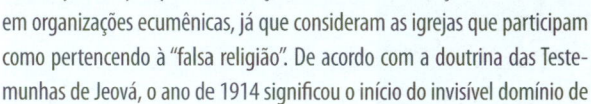

❓ Você já sabia?

As Testemunhas de Jeová rejeitam o batismo de crianças e praticam o batismo de adultos. Antes que os candidatos sejam admitidos ao batismo, eles devem demonstrar em discussões que têm suficiente compreensão da doutrina. O candidato ao batismo deve responder com "sim" a duas perguntas:

— Você se arrependeu de seus pecados com base no sacrifício de Jesus Cristo, e se entregou a Jeová para cumprir a sua vontade?

— Você está ciente de que, por sua dedicação e batismo se dá a reconhecer como uma Testemunha de Jeová, que está ligada à organização de Deus conduzida pelo espírito?

O batizando é completamente submerso em água e não apenas simbolicamente aspergido. Também não há fórmula falada de batismo. O batismo de outras igrejas cristãs não é reconhecido pelas Testemunhas de Jeová, mas a maioria das igrejas não reconhece o seu batismo.

Cristo como rei. O fundador da seita, Russell, anunciou a construção do "reino de mil anos" na terra quando o bem triunfar sobre o mal. Em seguida, os mortos se erguerão e todas as pessoas terão uma segunda oportunidade de alcançar a salvação. A doutrina é propagada pelos membros das Testemunhas de Jeová em estudos bíblicos privados, visitas domiciliares, ou distribuindo material informativo para transeuntes na rua, pois a comunidade rigidamente organizada exige de cada membro o compromisso de ajudar. Os lugares de encontro das Testemunhas de Jeová são chamados salões do reino, em que não se encontram quaisquer símbolos religiosos, como o altar, a cruz ou imagens. O início e o final das reuniões semanais são marcados por orações coletivas. O ínterim consiste de palestras baseadas na Bíblia, da preparação da pregação e da discussão das outras funções dos membros.

Três vezes por ano acontecem os grandes eventos, os assim chamados congressos.

A liderança é sempre assumida por membros do sexo masculino, porque só os "anciões" podem excercer essa função. A Watchtower Bible and Tract Society, em Brooklyn, é a central da comunidade. Abaixo desta estão hierarquicamente ordenados os setores, circunscrições, círculos e as unidades regionais. Mundialmente existem 109 setores, cuja principal tarefa é a pregação. Nesses setores a literatura da comunidade é traduzida para o idioma dos respectivos países, e enviada, pois a comunidade opera uma extensa atividade editorial e publica livros e panfletos em vários idiomas. A sua mais conhecida revista, *Sentinela*, é publicada em mais de 130 idiomas, e a revista *Despertai!* aparece em 83 línguas. Na Alemanha, as Testemunhas de Jeová têm 190.000 membros segundo cálculos próprios. Mundialmente, existem mais de 6 milhões de membros ativos, com congregações em mais de 200 países. Durante 15 anos as Testemunhas de Jeová tentaram ser reconhecidas na Alemanha como uma corporação de direito público; desde 2006, finalmente, têm esses direitos conferidos pelo senado de Berlim.

ASSOCIAÇÕES DAS NOVAS ORIENTAÇÕES RELIGIOSAS

Na segunda metade do século XIX e no início do século XX surgiram muitas sociedades secretas ocultistas de magia. Estas são muitas vezes pequenos grupos, muito fechados, que criam para si próprios um mundo para além da realidade. O moderno pensamento esotérico, que despontou nesse período, não deve ser colocado ao lado das ideias de caráter racista e antissemita de outras sociedades secretas, embora a maioria dos racistas e dos antissemitas tenha utilizado fundamentos dos sistemas esotéricos. As doutrinas das associaçõs neorreligiosas remontam principalmente à teosofia.

■ SRIA

SRIA, sigla para o nome latino *Societas Rosicruciana in Anglia*, é a mais antiga comunidade rosa-cruz ainda existente hoje. Foi fundada por Wentworth Little em 1865 na Inglaterra, e só devia receber maçons de orientação cristã. A SRIA incorporou o sistema de graduação da Ordem da Auri e Rosa-Cruz, com nove graus. A ordem se ocupa de questões filosóficas e esotéricas, mas não com o ocultismo ou com práticas mágicas. Para se tornar membro da SRIA é preciso ser mestre da maçonaria. As lojas locais se chamavam colégios e se difundiram na Grã-Bretanha, na Austrália (desde 1878) e na América (desde 1880). A partir do ramo norte-americano brotou a Societas Rosicruciana in America, em 1907. Uma série de personalidades influentes que mais tarde fundaram escolas e ordens próprias, inclusive Rudolf Steiner, pertenceu a essa sociedade.

▪ Golden Dawn

A Golden Dawn, uma sociedade secreta neorrosicruciana de magia, foi fundada em Londres em 1888. Todos os três fundadores, William W. Westcott (1848-1925), William R. Woodman (1828-91) e Samuel L. Mac-Gregor Mathers (1854-1918) eram maçons e rosa-cruzes da Societas Rosicruciana in Anglia (SRIA). Viam-se na tradição dos antigos rosa-cruzes, foram seguidores da teosofia, um método religioso de alcançar o conhecimento de Deus e do mundo do espírito por caminhos extraordinários como o misticismo, o ascetismo e o êxtase. Os membros da ordem buscam "a sublimação das vidas de todas as pessoas através do reconhecimento do caminho certo e da eterna e elevada verdade". Eles acreditavam ter redescoberto um documento perdido com ritos secretos dos antigos rosa-cruzes, que provavelmente se inspiravam na maçonaria, ocupando-se de rituais com influência de magia. Os conteúdos da doutrina da ordem consistiam de muitas tradições ocultas e místicas, como a cabala e o tarô, integradas nos elementos do cristianismo e do judaísmo.

Como todos as sociedades rosa-cruzes e maçônicas a Golden Dawn tinha uma graduação hierárquica. Era composta por três departamentos, os quais

A Sociedade Teosófica

Teosofia é o termo genérico para o pensamento filosófico e religioso, tentando, através de filosofia e misticismo obter um conhecimento mais profundo de Deus e do divino. A Sociedade Teosófica, fundada em 1875 por Helena P. Blavatsky (1831-91), em Nova York, é uma comunidade de observação do mundo que procura ligar o ocultismo e o espiritualismo do século XIX com ideias hinduístas e budistas. Os objetivos da comunidade são a promoção da sabedoria oriental, a unidade da ciência e da religião, assim como a perfeição do homem

HELENA P. BLAVATSKY

através do conhecimento ancestral em que as religiões são baseadas. A purificação das almas, de acordo com Blavatsky, realizava-se em uma série de encarnações.

incluíam vários graus. Começava-se na ordem exterior e galgava-se a ordem interna. Quanto mais "sábio" e "puro" um membro, mais elevado o grau que alcançava, e mais segredos sobre a ordem lhe eram confiados. A Golden Dawn atuou até o início do século XX e, em seguida, desintegrou-se em várias organizações sucessoras.

■ AMORC

AMORC, sigla para o nome latino *Antiquus Mysticusque Ordo Rosae Crucis* (Antiga Ordem Mística da Rosa-Cruz), é uma sociedade secreta, fundada em 1915 por Spencer Lewis (1883-1936), em Nova York e sediada hoje no Château d'Omonville, Le Tremblay (França). Na ordem são determinantes principalmente as idéias e os princípios da Sociedade Teosófica e das tradições ocultistas. Todos os homens e mulheres adultos podem solicitar a adesão. Uma vez que a organização não está vinculada à confissão e não é vista como uma comunidade religiosa, para a adesão não é necessário credo.

A AMORC é uma ordem na tradição rosa-cruz do século XVII, e dividida em graus — três graus introdutórios bem como nove graus do templo e altos graus. Os graus, de modo semelhante ao da maçonaria, não significam uma hierarquia, mas mostram até que ponto o iniciado chegou em sua "viagem" a partir da borda para o centro. Existem dois círculos, um interior e um exterior. O candidato (neófito) prepara-se no círculo exterior para a iniciação. A preparação inclui o aprofundamento no ensino da ordem, tentando alcançar a verdade maior de acordo com as idesias místicas da Sociedade Teosófica, através de filosofia, ocultismo e magia, teologia, astrologia, tarô esotérico, meditação e contemplação. A introdução ao ensino se realiza progressivamente: o buscador avança com o passar do tempo a partir do círculo exterior para o interior e, portanto, para os níveis mais altos.

CARTAS DE TARÔ

■ Ordo Templi Orientis

Ordo Templi Orientis (OTO), Ordem do Templo do Oriente, é uma sociedade secreta ocultista no estilo da maçonaria, que remonta aos Cavaleiros Templários de cerca de 1108 e à Ordem da Rosa-Cruz do século XVIII. Ela foi fundada no início do século XX pelo industrial vienense Karl Kellner (1851-1905) e os teosofistas alemães Franz Hartmann (1838-1912) e Theodor Reuss (1855-1923) e ainda está ativa. Reuss alegava estar de posse de todos os segredos da maçonaria, que é uma combinação da "pura e santa magia da luz, dos segredos da perfeição mística, e de todas as formas de ioga".

ALEISTER CROWLEY

Graças às suas características templárias e práticas de magia sexual, a OTO tornou-se a sociedade secreta ocultista mais popular do século XX.

A ordem tem vários graus, a maioria dos quais corresponde aos ritos maçônicos de iniciação. Estes deverão auxiliar o candidato a encontrar a sua verdadeira identidade. Quem se tornou membro regular está sempre em conexão espiritual com a própria ordem. Os rituais apontam também para muitas outras influências, tais como dos rosa-cruzes, dos templários e da Golden Dawn. A sociedade se afasta de objetivos satânicos ou anticristãos,

! Aleister Crowley

Aleister Crowley (1875-1947) foi um ocultista, cabalista, mago e místico. Inicialmente foi membro da Golden Dawn. Em 1904 ele também foi aceito na Loja 343 anglo-saxônica da *Grande Loge de France*, onde subiu rapidamente a mestre. Em 1907 Crowley fundou a ordem mágica "Astrum Argenteum" (Ordem da Estrela de Prata). A partir de 1910 manteve contatos com a *Ordo Templi Orientis*, sendo mais tarde nomeado condutor da Ordem. Crowley fundou também o sistema religioso-filosófico de *Thelema*, o nome de um movimento neorreligioso orientado com base em tradições ocultistas e mágicas, a Cabala e outros ensinamentos espirituais. Em seu ensinamento mágico Crowley entrelaçou influências orientais e ocidentais. Ele também tinha grande influência sobre o movimento esotérico e neorreligioso. Embora Crowley sempre se distanciasse de magia negra, seus escritos são frequentemente utilizados pelos seguidores do satanismo moderno. Seu estilo de vida excêntrico era provavelmente a verdadeira razão: ele celebrava diariamente rituais de magia sexual, e fazia um uso extremo de drogas. A maldição dos opositores, bem como sacrifício e tortura de animais eram uma parte dos rituais.

da feitiçaria ou culto ao demônio, embora pratique magia negra no sentido de Aleister Crowley (1875-1947), um ocultista, cabalista, mago e místico, muitas vezes considerado o fundador do moderno satanismo, especialmente pelos fundamentalistas cristãos.

A ordem pretende que o homem atinja a perfeição através de rituais esotéricos. Após a morte de Reuss em 1923 surgiram vários grupos-OTO concorrentes, cada um dos quais observa a estrita hierarquia e subordinação à condução da ordem. Atualmente a OTO cuida da construção do tipo de vida certo, da descoberta de seu próprio centro e de uma relação com a infinitude. Até mesmo pessoas como o criminoso norte-americano Charles Manson, líder da chamada Família Manson, que em 1969 cometeu um grande número de assassinatos, e L. Ron Hubbard (fundador da Cientologia) tiveram contato com a ordem e deixaram-se afetar por seus ensinamentos e práticas.

Atualmente existem vários grupos nos EUA e na Europa (incluindo a Alemanha). Nos EUA, a ordem é reconhecida como uma comunidade religiosa, mas não como religião; na Alemanha, é considerada como organização sem fins lucrativos. A OTO tem hoje cerca de 3.000 membros em todo o mundo.

▪ Satanismo

Como satanismo geralmente se entende o culto a Satanás, tradicionalmente ligado com ocultismo, bruxaria e com a missa negra (missa do diabo). O conceito de satanismo surgiu nos séculos XVIII-XIX e foi utilizado pela primeira vez pelo poeta inglês Robert Southey (1774-1843), que desejava colocar em descrédito o lorde Byron (1788-1824), a quem rejeitava; o drama de Byron, *Caim* (1821), é considerado a primeira obra satânica da literatura. Em geral, o termo "satanismo" se refere à adoração do diabo, portanto à crença em uma figura central de Satanás. Outro elemento importante é também a divinização do homem: este tem no satanismo o potencial para alcançar imenso poder e conhecimento divino.

LORD BYRON

O satanismo baseia-se provavelmente em crenças antigas e medievais em demônios, onde o diabo não é nem benfeitor nem banido, mas um inimigo mais poderoso do que as forças do bem, que eram incapazes de cumprir suas promessas para o mundo. O satanismo moderno foi definido pela primeira vez por Anton Szandor La Vay (1930-97) e publicamente transformado num sistema religioso anticristão independente. Em 1966 La Vay fundou a orga-

■ SOCIEDADES SECRETAS

REPRESENTAÇÃO DO DIABO
EM UMA CARTA DE TARÔ

nização "Church of Satan"(Igreja de Satanás) em São Francisco, oficialmente reconhecida como uma igreja nos Estados Unidos. Sua sede está localizada hoje em Nova York. A Igreja de Satanás é centralmente organizada. Sua condução, "a Ordem do Trapézio", consiste do "Conselho dos Nove", responsável só perante o sumo sacerdote ou a suma sacerdotisa. Os membros atuam ou como representantes ("agentes") da Igreja de Satanás ou aderindo a uma "gruta". Os grupos locais são chamados "grutas", e as pessoas que os constituem recebem o título de "mestres da gruta". Não são representantes oficiais da Igreja de Satanás, mas apoiam o satanismo. A Bíblia satânica que La Vay escreveu na noite das Walpurgas em 1968 é considerada como a obra fundamental da Igreja de Satanás e do satanismo moderno.

Embora o ocultista inglês Aleister Crowley sempre tenha se afastado do satanismo, o satanismo moderno baseia-se em sua doutrina e obra *Liber Al vel Legis* (O Livro da Lei; 1904), no qual ele explicou as bases da sua ideologia. Assim, um dos mais importantes elementos do satanismo é a chamada magia sexual. Trata-se de práticas e rituais relacionados com o exercício da sexualidade humana. A magia sexual pode, além da relação sexual desinibida, envolver estupro,

! Missa Negra

A Missa Negra, o mesmo que missa do diabo, é a imitação da missa católica romana em que Satanás ou o diabo é adorado. Relatos sobre missas negras são transmitidos principalmente por meio da literatura. Estes descrevem vários rituais, que geralmente ridicularizam o cristianismo e sua mensagem. Na missa negra, por exemplo, um crucifixo é pendurado de cabeça para baixo, as orações cristãs são faladas de trás para diante, a bênção é dada com água suja, uma mulher nua serve de altar; ali costumavam ser sacrificados animais e também realizadas bizarras práticas sexuais. Em casos extremos há ainda a tortura até a morte de uma pessoa, como sacrifício humano. A missa negra é considerada o principal ritual dos cultos de Satanás organizados. As origens das missas do diabo provavelmente remontam ao início da Idade Média, mas não são claramente detectáveis. Durante esse tempo, foram provavelmente uma mistura de rituais cristãos com magia, que os observadores associaram com bruxaria ou adoração do diabo. Pensa-se que a ideia moderna da missa negra surgiu no século XVII, uma época em que muitas pessoas foram executadas por serem acusadas de bruxaria. Hoje, devido ao crescente interesse da juventude pelo ocultismo, as missas negras atraem mais e mais seguidores.

abuso infantil, bem como sodomia. O consumo de drogas deve ajudar os satanistas a alcançarem uma expansão da consciência. A missa negra figura como um dos principais rituais de satanismo, mesmo considerando que os cientistas partem de que antes do século XIX se tratava apenas de uma invenção literária. Sacrifícios de animais e mesmo humanos têm alegadamente um papel no satanismo.

Nas últimas décadas, o culto de Satanás encontrou o caminho das culturas juvenis ocidentais, como nas bandas — o músico norte-americano Marilyn Manson foi nomeado membro honorário da Igreja de Satanás — ou no ambiente gótico. Hoje há uma porção de seitas satânicas, sendo preciso fazer distinção entre as organizações reconhecidas oficialmente e as sociedades secretas. Entre as comunidades aprovadas, além da Igreja de Satanás, conta-se, por exemplo, o Centro Thelema, na Baixa Saxônia, cujo líder, Michael D. Eschner (nascido em 1949) divulga os ensinamentos de Aleister Crowley e é considerado até mesmo como sua reencarnação. Relatos sobre cultos secretos ao diabo existem poucos, porque estes são realizados totalmente às ocultas. Nessas associações, especialmente populares entre os jovens, o diabo é adorado como o único Deus verdadeiro. O desprezo em relação ao cristianismo é expresso em missas negras, e as oferendas de animais e de pessoas, já mencionadas, são feitas a Satanás. As atividades de magia sexual também desempenham um papel importante.

■ Xamanismo

O xamanismo é um complexo de representações e práticas religiosas e mágicas, difundido em especial no norte da Ásia e na América do Norte. Estas se baseiam na crença nos espíritos e fantasmas e na existência de pessoas especialmente dotadas, os xamãs. Estes entram em contato direto com as instruções do mundo do além e colocam em ordem a relação abalada entre homem e divindade. O xamanismo não é vinculado a nenhuma religião específica. Os elementos essenciais são estados alterados de consciência como o êxtase relacionado ao transe, o tema da viagem da alma e as ações recíprocas com os espíritos. Os estados de transe são alcançados, entre outras coisas, pela dança, pela percussão rítmica, por drogas psicodélicas, ou pelo jejum. Os estados alterados de consciência são vistos como uma transição para um outro estado de ser, para entrar em contato com os espíritos.

O xamanismo tem por base uma imagem cosmológica do mundo, que nor-

■ SOCIEDADES SECRETAS

? **Você já sabia?**
Transe é um estado de consciência com a atenção diminuída. Assemelha-se a um crepúsculo, a percepção é limitada. Também pode ocorrer um grande foco em uma atividade ou estímulo. Uma pessoa em transe não é de modo algum estática ou passiva; um baterista, por exemplo, pode ficar num transe genuíno; e também existem danças de transe. O que provoca o transe são muitas vezes fórmulas de estimulação repetitivas, altamente monótonas; esse princípio também é adotado em hipnose. Os transes desencadeados por drogas e estupefacientes, entretanto, têm base nos efeitos das substâncias alucinógenas no organismo.

malmente divide o mundo em três esferas: um supramundo (céu) e um submundo, intercalados pelo mundo carnal, que em geral deve ser apreendido com os sentidos. Estas áreas têm como eixo a chamada árvore do mundo, por vezes também uma montanha do mundo ou um rio cósmico. Na imagem do mundo do xamanismo a natureza é dominada por espíritos da natureza; doenças do corpo e transtornos mentais, mas também a falta de sucesso na caça ou colheitas perdidas são sempre causados por um relacionamento perturbado entre esses poderes do espírito. Só o xamã pode restaurar a harmonia entre os seres humanos e as deidades. A alma pode ser raptada pelos poderes do espírito para outros mundos, aos quais as pessoas normais não têm acesso. O xamã, no entanto, devido ao seu conhecimento especial, está em posição de trazer a alma de volta.

Ele também pode acompanhar a alma de uma pessoa falecida ao mundo do além. O xamã aprendeu a separar sua alma de seu corpo e, no êxtase, empreender uma viagem da alma, onde ele é ajudado por seus espíritos auxiliares, que quase sempre têm uma forma animal. O êxtase pode ser alcançado voluntariamente — em contraste com os chamados médiuns, que só podem ser visitados pelos poderes do espírito contra a própria vontade. O êxtase e a viagem da alma são acompanhados de um ritual xamânico. Isso inclui um determinado equipamento, cuja parte mais importante é o tambor dos xamãs. O xamã entra em êxtase através de sua batida monótona, que também serve o xamã em sua viagem para o mundo do além como uma espécie de

XAMÃ

Xamãs

Xamãs são pessoas dotadas de invulgares forças espirituais; são vistas pelos seguidores do xamanismo como feiticeiros ou curandeiros. Entre as tarefas de um xamã estão a cura dos doentes, acompanhar as almas dos falecidos para o mundo inferior, resgatar almas perdidas, defender dos maus espíritos, mas também a divinação, a previsão do tempo, a interpretação de sonhos ou a influência para o sucesso da caça ou no clima. Para realizar estas tarefas o xamã precisa entrar em êxtase através da dança, do canto, da música ou por meio de drogas. Durante o ritual, ele muitas vezes se cobre com peles e máscaras, disfarçando-se como uma forma animal, e introduz no seu trabalho instrumentos musicais e amuletos rituais.

Os xamãs também têm obrigações culturais – são narradores, cantores e autores de histórias, e precisam preservar o "conhecimento especial" para a comunidade.

Basta uma experiência de chamado vocacional – um sonho ou uma visão – para tornar xamã a um homem ou uma mulher. Em algumas sociedades, a função do xamã também é hereditária. O xamã geralmente leva uma vida integrada ao seu ambiente social, mas por vezes vive à margem da sociedade. Ele goza de certos privilégios, mas tem o compromisso de prestar assistência a qualquer momento.

veículo. Alguns xamãs se utilizam de drogas (por exemplo, cogumelos, álcool) para entrar em êxtase. O manto ricamente decorado com símbolos, o chapéu e as botas são outros elementos do equipamento do xamã. A dança ritmada ao som do tambor e canções especiais também fazem parte do ritual.

Xamanismo também deve ser encarado como um fenômeno cultural, em que as histórias tradicionais do complexo xamânico se entrelaçam. Além disso, em sociedades com poucos contatos o xamanismo é um fenômeno social. Em comunidades como a família, clã ou vila, o xamã é uma pessoa integradora. Na Sibéria e na Mongólia, desde o colapso do comunismo, surgiu um chamado neoxamanismo. Especialmente na União Soviética, o xamanismo foi amplamente reprimido com base na ideologia ateísta. Uma maior liberdade religiosa por um lado, e uma necessidade de demonstração da identidade cultural dos povos não-russos, por outro, preparou o terreno para o neoxamanismo. Apesar da continuidade da tradição, o neoxamanismo mostra algumas diferenças características em relação ao xamanismo tradicional: ele se desenvolve principalmente nas cidades, portanto, em um ambiente relativamente anônimo; os xamãs trabalham juntos em alguns centros e podem ser pagos pelo seu trabalho. E uma das tarefas de um xamã moderno pode agora ser uma coisa tão mundana como a consagração de uma casa. O interesse pelo xamanismo no mundo ocidental, por causa de várias correntes esotéricas, também aumentou fortemente nas últimas décadas. Por sentirem que o termo neoxamanismo traz uma conotação negativa, os seguidores do xamanismo se referem hoje ao conceito de "xamanismo ocidental moderno", que é visto como mais neutro.

▪ Escola Arcana

A Escola Arcana foi fundada em 1923 pela teosofista Alice Bailey (1880-1949), em Nova York, como uma escola de formação em meditação e autodesenvolvimento de capacidades espirituais. Como base ela se utilizou dos materiais didáticos esotéricos da Sociedade Teosófica, onde havia sido secretária-geral durante muitos anos. Seu marido era maçom e dirigente da escola. Assim a Escola Arcana via-se como o "centro mágico" de toda a maçonaria. Nos ensinamentos da Escola Arcana trata-se menos de alcançar forças mediúnicas ou psíquicas, ou de magia, clarividência, ou rituais, mas sim de como as pessoas podem estabelecer mentalmente ligações espirituais. A disciplina arcana já no século XVII era usada em ritos da igreja cristã aos quais os não-batizados não tinham acesso. Também a alquimia era considerada disciplina arcana, porque os segredos eram transmitidos apenas oralmente pelo professor aos alunos. Os principais feriados da Escola Arcana são a páscoa de Cristo ressuscitado, o chefe espiritual da hierarquia (lua cheia em Áries), o Festival de Wesak de Buda, os dias mais santos no calendário budista, na lua cheia de maio (lua cheia em Touro), em que Buda é o intermediário espiritual entre o maior centro espiritual do planeta e a hierarquia, e o festival da boa-vontade, introduzido em 1952 como uma celebração da Grande Invocação (invocação de Deus e dos santos), em que devem participar todos os membros (lua cheia em Gêmeos). A Escola Arcana existe hoje no seio da organização suíça "Lucis Trust", que se ocupa de publicações, encontros e coleta de donativos. Existem grandes centros de escolas arcanas em Nova York, Londres e Genebra. Os livros de Alice Bailey estão disponíveis nas livrarias. É difícil determinar hoje qual a amplitude da influência de sua teosofia, pois o número de membros da organização não é divulgado nem nos EUA, nem na Suíça.

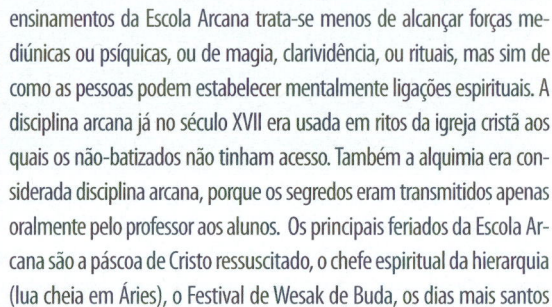

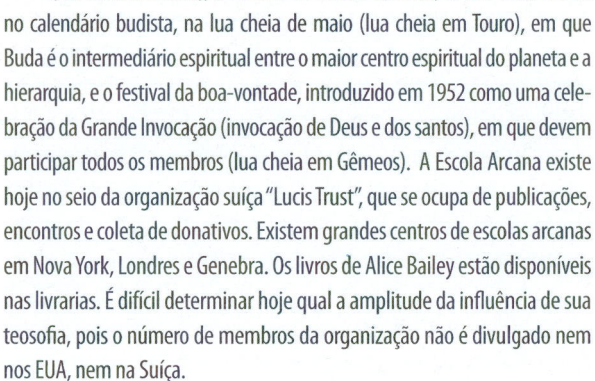

ALICE BAILEY

❗ Linguagem arcana

Como linguagem arcana figuram certas frases ou significados de imagens, que só iniciados conseguem compreender. As palavras ou imagens são orientadas numa ordem e sequência de significado obrigatória, só conhecida pelos iniciados. O conteúdo da mensagem deve permanecer oculto para os de fora, deixá-los curiosos e infundir-lhes respeito e temor. A linguagem arcana serve para proteger os iniciados, que estão vinculados a um rigoroso sigilo (disciplina arcana).

▪ Cientologia

Cientologia é uma comunidade criada por L. Ron Hubbard (1911-86) nos EUA, entre 1948 e 1950, sob o termo "dianética", e vista pelos seus seguidores como uma religião, teoria científica e psicoterapia em um só corpo. As teorias foram desenvolvidas por Hubbard em seu livro *Dianética - A ciência moderna da saúde mental*. O objetivo da dianética, ou cientologia, é supostamente conduzir pessoas "doentes" para a saúde mental.

Os interessados começam com um teste grátis de personalidade (auditoria), podendo, então, tomar parte num sistema de cursos, para se desenvolver intelectualmente com ajuda de uma técnica de pesquisa no chamado eletrômetro de Hubbard e alcançar um nível maior de sensibilização. Por esses cursos "avançados" os participantes têm de pagar taxas muito elevadas.

Críticos dizem que os treinamentos de administração e comunicação, assim como a formação e treinamento em motivação da cientologia são destinados a atrair os responsáveis pelas decisões na economia como membros.

A cientologia difunde a doutrina da comunidade também através de livros, revistas e da Internet. Com feições de seita o grupo está registrado nos EUA como uma igreja desde 1954 e entre 1970 e 1995 foi reconhecido na Alemanha como uma organização sem fins lucrativos.

O Tribunal Federal do Trabalho de 1995, decidiu que a organização há muito indisputada nada tem de comunidade religiosa ou filosófica. A cientologia também não é reconhecida como uma igreja por representantes das principais religiões do mundo.

L. RON HUBBARD

CAMBRIDGE

SOCIEDADES SECRETAS NAS UNIVERSIDADES

Nas universidades inglesas e norte-americanas de elite há numerosas sociedades secretas de estudantes, a maioria das quais foi fundada no início do século XIX. Lojas secretas e círculos filosóficos encontraram acolhimento entusiástico especialmente nas comunidades de alunos de Cambridge (Apóstolos de Cambridge). Diplomados da universidade trouxeram as tradições acadêmicas da Grã-Bretanha para os Estados Unidos, onde até hoje em muitas universidades se pode encontrar associações ocultas: *Skull and Bones* em Yale, o Porcellian Club em Harvard, a Owl Society da Universidade da Pensilvânia ou a *Sphinx Head* em Cornell. Em universidades alemãs, há associações de estudantes cujas origens remontam à Idade Média. Hoje, existem associações de alunos atuais e ex-alunos de uma universidade com os seus próprios costumes e tradições estabelecidas. Sociedades secretas nas universidades são consideradas por algumas pessoas antes como meras brincadeiras de estudantes, mas muitas vezes elas servem aos seus membros como trampolim para uma carreira empresarial, científica ou política.

APÓSTOLOS DE CAMBRIDGE

Os Apóstolos de Cambridge – ou até mesmo os apóstolos – são uma associação intelectual, fundada em 1820 por estudantes da Universidade Cambridge, na Inglaterra. O nome é atribuído à adesão inicial de doze – com efeito, doze talentosos estudantes – e era uma alusão aos doze apóstolos do evangelho. A sociedade secreta surgiu, tradicionalmente, no King's College e no Trinity College. As suas atividades consistem principalmente de encontros semanais em que um membro profere uma palestra sobre um tópico qualquer que, em seguida, passa à discussão. O registro dos eventos da noite é feito por um secretário num livro de atas encapado em couro, que já desde a fundação dos Apóstolos é utilizado para este fim. Além disso, nessas reuniões tradicionalmente se comem torradas com sardinha. Embora esses rituais sejam frequentemente objeto de riso para os recém-chegados à universidade, o poder da sociedade secreta não deve ser subestimado. Acima de tudo, muitos ex-alunos mais tarde ocuparam cargos importantes na casa real, na administração pública, na igreja ou na mídia. O primeiro passo para a inclusão na sociedade secreta geralmente se dá de modo imperceptível durante supostas festas noturnas, para as quais os alunos selecionados de Cambridge ("embriões") são convidados e "testados" por membros mais antigos para saber se estão à altura de um dos mais exclusivos e também mais secretos clubes da universidade da elite britânica – Apóstolos de Cambridge. Só os mais inteligentes e instruídos entre eles são informados mais tarde de que vão ser questionados para inclusão. Devem indulgir em submeter-se a muitas cerimônias para se tornarem membros plenos. Os membros ativos que ainda são alunos são chamados de "apóstolos". Eles se tornam "anjos"

? Você já sabia?

As oito mais prestigiadas e caras univesidades dos EUA têm um nome próprio – a "Ivy League" (a Liga do Salgueiro). São as universidades de Harvard, Yale, Columbia, Princetown, Brown, Dartmouth, Cornell e Pennsylvania. Estas universidades são normalmente frequentadas pelos descendentes das famílias norte-americanas de classe alta, cuja carreira posterior geralmente está assegurada. Nos clubes secretos dessas universidades o pensamento das elites continuará mantido e preservado, mesmo que com a democratização da educação americana, hoje, as universidades de elite também estejam disponíveis às camadas menos favorecidas da sociedade.

CAPELA DO KING'S COLLEGE

quando os estudos são concluídos. Uma vez por ano, todos os apóstolos – os ativos e os antigos – se encontram para um jantar (altamente secreto) em uma das faculdades de Cambridge.

Entre os apóstolos famosos se incluem o naturalista Charles Darwin, o escritor Aldous Huxley, os filósofos Ludwig Wittgenstein e Bertrand Russell e o economista John Maynard Keynes. Os Apóstolos de Cambridge ficaram mundialmente famosos em 1979 por causa do chamado *Cambridge Five*, um círculo de espionagem da KGB soviética no serviço secreto britânico MI5, que finalmente foi desmascarado. O círculo de espionagem em torno de Anthony Blunt (um graduado do Trinity College de Cambridge e também apóstolo) tinha, até a década de 1950, proporcionado informações importantes à União Soviética. Após o escândalo os apóstolos se viram forçados a se abrir um pouco; muitas particularidades sobre os membros e sobre a própria sociedade secreta ficaram conhecidas. Em 1985, até mesmo a primeira mulher foi admitida na sociedade secreta.

ᨆ SKULL & BONES ᨆ

Skull & Bones (Caveira e Ossos) é uma sociedade secreta estudantil na Universidade de Yale (EUA), fundada em 1832 por William Huntington Russel. Russel deve ter trazido é a idéia de uma associação de alunos da Alemanha, onde havia passado um ano de estudos. Algumas das tradições dessa união estudantil de fato lembram aquelas das fraternidades alemãs. A sociedade secreta também é conhecida sob os nomes de "Ordem da Morte", "O Clube Eulogiânico" e "Loja 322".

Anualmente são aceitos 15 alunos de Yale que após a iniciação são designados como "bonesmen" (homens-ossos). Desde 1991, as mulheres são admitidas como membros da sociedade secreta ("boneswomen" – "mulheres-ossos"). A sociedade recruta os seus membros a partir de cada novo semestre. Nenhum estudante pode solicitar a adesão, mas será escolhido por aqueles que tiveram sua iniciação no ano anterior. Ao contrário das as-

FOTO DE GRUPO DE 15 BONESMEN

sociações de estudantes alemães, os ativos ficam em conexão apenas durante um único ano escolar. Não existe período de provas. A Skull & Bones não pertence a nenhuma associação controladora. A admissão de novos membros é feita em duas fases: a seleção e a iniciação, nas quais diferentes cerimônias têm lugar; um ritual de acolhimento, por exemplo, é que o candidato beba sangue em um crânio. Um preceito fundamental da ordem é o segredo, e também os bonesmen se comprometem a se ajudar mutuamente em suas carreiras. Após os ritos de iniciação o candidato (neófito) é sagrado "cavaleiro" por outro bonesman em traje de Dom Quixote. Os neófi-

O Crânio de Gerônimo

Até hoje causa grande excitação o fato de que esse crânio, não só esteja incluído no nome e no brasão de armas da sociedade secreta, mas também realmente exista na "cripta". Em 1918 Prescott Bush, avô de George W. Bush e mais tarde senador por Connecticut, teria desenterrado o crânio do lendário chefe apache Gerônimo, no Forte Sill, em Oklahoma, oferecendo-o como presente à sociedade secreta. Esta história e fotos com o crânio na "cripta" levaram a anos de litígio com os índios, que exigiam a devolução. Como o FBI não quis interferir nessa disputa, as alegações não são comprovados até hoje, mas também não foram refutadas – assim a lenda continua viva.

BUSH (ESQUERDA) E KERRY

> **? Você já sabia?**
> O fato de os dois candidatos à eleição de presidente dos EUA em 2004, John Kerry (democrata) e George W. Bush (republicano), serem membros da Skull & Bones, garantiu, na época, algum entusiasmo nos EUA. Abordados para entrevistas sobre esse passado comum, ambos se recusaram a falar. Kerry é bonesman desde 1966. Bush foi aceito como membro dois anos depois pela sociedade secreta de elite, como seu pai e avô antes dele. Como se pode ver em relação a Bush e Kerry, a convicção política não tem nenhuma importância para a Skull & Bones, mas exclusivamente as origens e a personalidade.

tos então recebem novos nomes da ordem.

O símbolo da organização é um crânio sobre os ossos cruzados; também o número 322 faz parte do logotipo. É o número de quarto do "templo interno" no "túmulo", uma casa em estilo clássico no campus, onde as reuniões, cerimônias e provavelmente também os rituais da Skull & Bones têm lugar; sobre o significado desse número, há diferentes especulações. Uma delas é que 322 é o ano da morte do orador grego Demóstenes, o que é verdade, mas sem fundamento e, portanto, nenhum sentido real.

Skull & Bones é uma aliança eterna, que não termina com a morte de um membro ("cavaleiro") individual, mas é levada adiante pelas gerações seguintes. Uma característica fundamental da sociedade secreta é a de que todas as outras pessoas são designadas como "pagãos" ou "vândalos", respectivamente. Assim a sociedade secreta se delimita aos seus membros em relação ao resto do mundo, para o que contribui também a sua própria contagem do tempo. Por essa contagem, o SBT (Skull & Bones Time) difere do tempo habitual da Costa Leste em cinco minutos.

A maioria dos membros provém de clãs familiares influentes e ricos em tradições, cada qual com diversos diplomados em Yale na galeria dos antepassados. O número total de bonesmen vivos é estimado em cerca de 800. Entre eles estão alguns dos principais representantes no mundo empresarial e da política, como o ex-presidente dos Estados Unidos, George W. Bush (nome na ordem "Temporário"), e também seu pai, George Bush, também ex-presidente.

ASSOCIAÇÕES DE ESTUDANTES

Associações ou corporações de estudantes são grupos masculinos tradicionais, acadêmicos de universidades alemãs, com seus próprios costumes e orientação principalmente conservadora. Dependendo da origem, existem várias formas de associações estudantis: grupos de compatriotas, corpos, fraternidades, ligas e associações confessionais. As associações estudantis no sentido moderno desenvolveram-se desde o início do século XVIII. Apesar das grandes diferenças entre os tipos de associações, existem muitas características comuns, como a adesão por toda a vida (príncipio da ligação vitalícia), a estrutura hierarquicamente graduada, o uso de cores ("couleur") e em parte também o cancelamento dos duelos sangrentos de espada como medida e "satisfação com a arma", o significado central de eventos de bebedeiras e festas, bem como um cerimonial bem planejado. Estas formas permaneceram essencialmente inalteradas desde o século XIX.

Estudantes que desejam ingressar em uma associação têm de passar por um período probatório e durante esse tempo passam a ser chamados de "raposas" (jovens estudantes). O estágio dura dois semestres e termina com a "camaradagem", após a qual o membro se torna pleno. Os membros plenos ("ativos") carregam a responsabilidade principal sobre a vida ativa. Ou seja, assumem funções, o papel de recepção em eventos, a condução das várias funções cerimoniais. Em associações de "lutas" durante esse tempo eram disputados duelos. Os duelos se desenvolveram no decorrer do século XIX a partir das lutas de estudantes do século XVIII. Estudantes antes do exame devem concentrar o foco na conclusão dos estudos, portanto, são também "inativos". Antigos alunos são chamados "velhos senhores", tendo menos tempo do que os ativos, mas proporcionando à sociedade principalmente apoio financeiro. Os velhos senhores e os ativos se reúnem em eventos do próprio grupo.

MEMORIAL DA FRATERNIDADE EM EISENACH

Uma característica importante de associações estudantis é o uso de cores, isto é, faixas e bonés coloridos nas cores de sua sociedade. Para além destas associações que usam roupas com as suas cores, há também aquelas cujos membros não usam roupas coloridas, mas sugerem as cores através de flâmulas ou fitas coloridas. Associações que não vestem as cores nem usam

SOCIEDADES SECRETAS

❗ Corpo

Corpo é o nome da mais antiga forma de associações estudantis, surgidas a partir das antigas associações rurais no final do século XVIII. Elas lutavam pela neutralidade, e inscreviam o princípio da tolerância nos pavilhões, de modo que todo aluno matriculado em uma universidade alemã podia ser um membro do corpo, independentemente da sua origem étnica ou social, cor da pele ou da religião (em oposição às chamadas corporações, associações apenas de, por exemplo, estudantes de nacionalidade alemã). De qualquer modo, apenas estudantes do sexo masculino são admitidos. Devido à sua consciência especial da tradição, eles mantêm as antigas fórmulas e cerimônias. O duelo entre alunos é obrigatório; é considerado uma característica importante das associações, essencial para reforçar o caráter e para a formação da personalidade. Os corpos são associações que ostentam cores (faixa e laço). Sua influência alcançou o pico no final do século XIX, já que no Império Alemão os filhos do soberano reinante, das casas da nobreza e da grande burguesia desempenhavam papéis significativos no Corpo. As associações do tipo corpo foram dissolvidas pelos nacional-socialistas; muitas delas não foram novamente fundadas depois da II Guerra Mundial. Foram revividas a Convent Weinheimer Senioren (WSC), como organização geral dos corpos em universidades alemãs e escolas técnicas e a Kösen Seniores Convenstverband (KSCV) como organização geral das mais antigas associações estudantis na Alemanha e na Áustria.

acessórios coloridos são descritas como associações negras.

De primordial importância são eventos sociais e festas para os sócios. Nomes comuns para isso são a tradicional "taberna" (uma cerimônia tradicional, com discursos e canções) e "kommers" (forma festiva e representativa das tabernas estudantis, por exemplo, por ocasião de inaugurações ou jubileus especiais). A celebração, em cada aniversário do estabelecimento da associação é a festa da fundação.

A fraternidade é uma forma de associação de estudantes. O termo surgiu no final do século XVIII, e tinha no início o mesmo significado que os grupos de estudantes em geral. A partir de 1815 o termo passou a ser usado apenas para associações estudantis em várias universidades alemãs, cuja idéia motivadora era apoiar a unidade e a união de todos os alemães. A primeira fraternidade desse tipo foi fundada em 1815 em Jena. Ela surgiu dos Corpos de Voluntários, que lutaram contra Napoleão nas

FESTA DOS ALUNOS DE WARTBURG. 1817

guerras de libertação (1812-15). Grande importância teve principalmente o Corpo de Voluntários de Lützow, a quem as fraternidades também devem as cores preto-vermelho-ouro.

As fraternidades logo conquistaram muitos adeptos; as fraternidades de todas as universidades alemãs participaram do festival de Wartburg (18 de outubro de 1817), em memória da Reforma e da Batalha do Povo de Leipzig. Em 1818 as fraternidades de 14 faculdades alemãs fundaram a Fraternidade Geral Alemã e postulavam em seu programa político comum, entre outras coisas, a unificação da Alemanha, o estabelecimento de uma monarquia constitucional, a igualdade perante a lei e as liberdades de expressão e de imprensa. Posteriormente, as fraternidades foram proibidas pelas Resoluções de Carlsbad e todas as aspirações progressistas suprimidas, o que as associações empreenderam então através da continuação conspirativa de seu trabalho. No período posterior as fraternidades ativas ou de ex-alunos envolveram-se em atividades revolucionárias ou democráticas, tais como o Festival de Hambach, em 1832, e a Revolução de Março de 1848. Também na Assembléia Nacional de Frankfurt de 1848-49, muitos membros das fraternidades foram eleitos.

Após a unificação do império em 1871, houve muitas divisões no seio das fraternidades, que se desenvolveram principalmente nas que usavam cores, nas que se batiam em duelos, nas de cunho conservador e nas de cunho nacionalista. No Terceiro Reich elas foram dissolvidas. Desde 1949, existem novamente associações ativas na Alemanha. A Fraternidade Alemã espera continuar na tradição patriótica.

? Você já sabia?

Um duelo de estudantes é um combate tradicional com armas brancas entre membros de associações estudantis. A luta é estritamente regulamentada sendo, ao contrário do esporte da esgrima, executada em postura parada (invariável). Os duelos são disputados com armas de luta muito especiais, cestos ou raquetes (barras de ferro fundido com cestas de tela metálica, ou tigelas de metal como proteções para as mãos). Os lutadores até hoje protegem partes da cabeça e do rosto e só podem se machucar parcialmente. Cicatrizes causadas por tais pancadas serão descritas como troféus.

SOCIEDADE SECRETA COM MOTIVAÇÕES RACISTAS: A KU-KLUX-KLAN

OUTRAS SOCIEDADES SECRETAS

As sociedades secretas têm geralmente origens religiosas, ocultistas ou políticas, mas podem também seguir os interesses de outros poderes e abranger associações criminosas como a Máfia, a Yakuza ou as Tríades. Mesmo as seitas violentas, como os Assassinos, ou grupos racistas, como a Sociedade Thule ou a Ku-Klux-Klan devem ser consideradas como sociedades secretas. Sob o pretexto de "nobres" motivos para agir, muitas organizações agiam e agem com brutal crueldade para impor os seus interesses religiosos, políticos ou raciais. Especialmente as organizações secretas terroristas constituem hoje grande perigo para o mundo democrático, tal como os ataques perpetrados pela Al-Qaeda bem diante dos olhos de todos.

⁓ ORGANIZAÇÕES CRIMINOSAS ⁓

Associações criminosas, como a Máfia italiana e as Tríades chinesas, desenvolveram-se a partir de sociedades secretas cuja tradição remonta muitas vezes ao passado distante. Eles existem para além da lei e do estado, porque desenvolvem seu próprio estado, têm as suas próprias leis, cujo cumprimento é controlado por suas próprias instituições.

■ Máfia

A Máfia é uma sociedade secreta criminosa surgida na Sicília no final do século XVIII, com variáveis atividades políticas, econômicas e criminosas. Originalmente havia grupos armados que deviam proteger os camponeses de ataques dos espanhóis e dos franceses. Na época do feudalismo, no século XIX, surgiram daí tropas para a proteção dos grandes senhores de terras. Finalmente esses grupos começaram a trabalhar por conta própria – no final do século XIX, a Máfia era uma rede de grupos criminosos que dominavam a terra na Sicília. Eles formaram uma sociedade secreta cujos ritos se baseavam fortemente nos dos maçons e dos carbonários. Os membros (mafiosos) eram comprometidos por regras rígidas de conduta (omertà), que também proibiam qualquer contato e qualquer cooperação com as autoridades. Eles escolhiam os candidatos que deveriam aderir à organização. Estes já se encontravam anteriormente à mão para serem testados por meio de algumas tarefas, incluindo um homicídio, e determinar se estavam à altura para tarefas futuras.

Tendo surgido a partir de uma associação secreta, a Máfia siciliana tem a sua própria estrutura, os seus próprios rituais de admissão e as suas próprias noções de honra. Pode-se dizer que a Máfia é um estado dentro do estado. Ela mantém os seus segredos internos, age em segredo e tenta manter a própria existência tão secreta quanto possível. A Máfia é composta pelas assim chamadas famílias, mas não se trata aqui de laços familiares sanguíneos. São grupos esruturados com uma hierarquia muito mais rígida, com membros de ascendência siciliana, que respondem por suas respectivas áreas de jurisdição. Os diferentes grupos são muitas vezes ligados por pactos de sangue e por juramentos de manter segredo. As violações das regras muitas

Al Capone

Al Capone (1899-1947), conhecido como Scarface (cicatriz no rosto), foi o mais famoso gângster dos EUA durante a Lei Seca. O ítalo-americano cresceu no Brooklyn (Nova York) e foi abrindo caminho para o topo nas gangues locais. Nos anos 1920 ele assumiu, em Chicago, um sindicato do crime que ganhava dinheiro com contrabando de álcool, jogos de azar e prostituição. Al Capone, que também mantinha boas relações com a polícia, com a justiça e com os políticos, dominava por volta de 1925 o crime organizado em Chicago e deve ter então se apropriado de mais de cem milhões de dólares anuais. As guerras de gangues, em que massacrava seus concorrentes, tiveram seu ponto culminante com o massacre do dia dos namorados de 1929, em que os capangas de Al Capone assassinaram sete membros de uma gangue rival. Em 1931, Capone foi condenado a onze anos de prisão por crime de de evasão fiscal, porque esse foi o único crime que lhe conseguiram imputar. Em 1939 foi indultado por motivos de saúde e passou o resto de sua vida gravemente doente, na Flórida.

AL CAPONE

Você já sabia?

Se conhece como Lei Seca o período da proibição legal da produção, transporte e venda de bebidas alcoólicas nos Estados Unidos entre 1920 e 1933. A proibição do álcool foi introduzida por que se via uma forte correlação entre alcoolismo um lado, e a crescente taxa de criminalidade, a pobreza e a violência por outro lado. O efeito positivo da proibição foi que o consumo de álcool diminuiu comprovadamente, mas a meta de conter a criminalidade não foi atingida. O que houve foi o oposto. Em todo o país surgiram destilarias clandestinas em grande escala; criminosos como Al Capone em Chicago construíram legalmente a sua própria indústria álcool. O contrabando, a venda ilegal através dos bootleggers, licenças ilegais nos "speakeasies" (bares camuflados), a corrupção na polícia, na administração e na política e o rápido crescimento do crime organizado foram as consequências devastadoras. A Máfia deve ter colocado o pé nos EUA pela primeira vez durante a Lei Seca.

Na fase inicial da crise econômica mundial os opositores da proibição argumentaram que a mesma roubava os empregos dos cidadãos e significativas receitas fiscais do estado, e que ela levaria ao colapso da economia. Em dezembro de 1933 a Lei Seca foi revogada.

vezes eram punidas por meios brutais. A Máfia é organizada patriarcalmente, os membros são exclusivamente homens. Cada família tem um chefe, ao qual cada membro deve obediência absoluta. Os chefes são, por seu turno, sujeitos ao chefe dos chefes (capo di tutti capi). Este tem poder ilimitado sobre todas as famílias. Desde o final do século XIX os membros da Máfia, como muitos outros italianos, emigraram para os EUA, de modo que a organização também se espalhou por lá. E logo começou a extorquir de seus compatriotas nas grandes cidades. Muitos chefes da Máfia assumiram o controle completo de bairros italianos, como por exemplo a Pequena Itália, em Nova York e Chicago.

GIOVANNI FALCONE

Assim desenvolveram-se contatos com novas "famílias". Logo a Máfia se misturava com vigor no crime organizado dos EUA, especialmente na década de 1920, durante a proibição do álcool (Lei Seca). Na década de 1930 veio o termo "Cosa Nostra" (coisa nossa) para as organizações da Máfia nos Estados Unidos. Hoje, o termo "Cosa Nostra" também é aplicado à Máfia na Itália.

O governo fascista de Benito Mussolini (1883-1945) conseguiu suprimir temporariamente as atividades da Máfia, já que a organização foi desfeita em 1929. Mas após a II Guerra Mundial ela voltou a surgir. Ao longo dos 30 anos seguintes a organização se desenvolveu, não só na Sicília mas em toda a Itália, como um fator de poder. As suas atividades centram-se hoje principalmente no tráfico de drogas, na prostituição e na indústria da construção. Só na Itália, a Máfia tem uma estimativa de gerar 100 bilhões de euros anualmente. Os lucros vão para o ciclo econômico normal e desse modo são legalizados. Além do tráfico de drogas, a extorsão de dinheiro para proteção é a principal fonte de receita para a Máfia. Segundo a imprensa italiana, 70% de todos os empreendedores e empresários sicilianos pagam dinheiro de proteção. Só na Sicília, a Máfia recolhe dinheiro de proteção e extorsão no valor de cerca de sete bilhões de euros por ano.

PORTO DE PALERMO

Grandes partes da vida econômica e política italiana estão impregnadas pela Máfia até os mais altos cargos. O governo italiano lançou, no final da década de 1970, uma campanha contra a Máfia. Acima de tudo, o juiz

SOCIEDADES SECRETAS

A hierarquia na Máfia siciliana
A Máfia é construída de modo estritamente hierárquico. O nível mais baixo (nível operacional) é formado por grupos de até dez membros. Cabe a eles realizar todas as ações de roubo, extorsão e assassinato de acordo com o comando. São liderados por um chefe de grupo, "capo decima", que é comandado pelo chefe da família, o "capo famiglia" que, por seu turno, responde ao chefe distrital, o "capo mandamento". Os chefes distritais formam comissões provinciais, subordinadas à comissão da liderança com o chefe dos chefes ("capo di tutti i capi") presidindo no topo.

Giovanni Falcone (1939-92), ele mesmo criado em Palermo, voltou-se corajosamente contra a poderosa sociedade secreta dos "homens de honra". A campanha levou a uma série de detenções, incluindo o chefe da Máfia, Salvatore Riina (nascido em 1930), e processos. Durante este tempo, porém, a Máfia assassinou numerosos altos funcionários da justiça e do governo — Falcone também foi vítima de assassinato em 1992. Assim como na Itália, na década de 1980 e 1990, a acusação de supostos chefes da Máfia nos EUA também avançou. Apesar desses acontecimentos, a Máfia é hoje a maior organização criminosa na Europa. Sua sede está localizada na Sicília. Tem cerca de 5.000 membros e pelo menos 20.000 simpatizantes.

Camorra

A Camorra, uma sociedade secreta terrorista, surgiu provavelmente no início do século XIX, em Nápoles. Ela teve sua origem em uma irmandade de presos e já era conhecida em 1830. Os presos nas prisões aliavam-se para lutar em conjunto contra a brutalidade dos carcereiros. Cada novo detento tinha de se ligar a esse pacto; caso recusasse, poderia ser torturado até à morte. Caso contrário, ele era colocado sob a proteção da sociedade. Presos libertados formaram mais tarde a Camorra das ruas. Os membros da Camorra, os camorristi, estavam implicados no contrabando, na extorsão, em suborno, roubo e homicídio, e saquearam e aterrorizaram o país por muitos anos.

Quem desejasse ingressar na sociedade secreta tinha de mostrar coragem e zelo, e era em seguida admitido como principiante. Durante o período de três a seis anos de noviciado, o candidato tinha de aprender, ao lado de

NÁPOLES

um membro, todos os truques criminosos e objetivos da sociedade. Tendo submetido à prova todas as suas capacidades, inclusive para o homicídio, o candidato era finalmente admitido. Além disso, ele tinha de prestar um juramento de sangue diante do emblema da sociedade secreta – um punhal, uma pistola, um copo de vinho envenenado e uma lanceta – e declarar que estava pronto para morrer a serviço da sociedade secreta. Só então ele passava a ser um membro com plenos direitos na organização. Esta consistia de muitos centros, e cada centro, de vários departamentos. Acima de toda a organização encontrava-se o vicario, assistido pelos mestres dos centros. Os camorristi habitualmente trabalhavam em grupos e se comunicavam entre si por meio de chamados e sinais especiais. Suas atividades variavam do assalto à extorsão de dinheiro por proteção e silêncio. Muitas vezes altos funcionários eram subornados, de modo que a Camorra também atuava a serviço das autoridades.

GIUSEPPE GARIBALDI

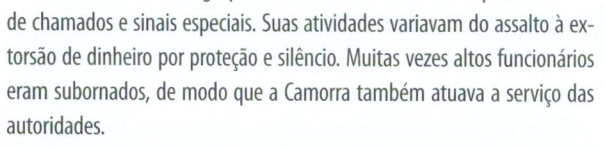

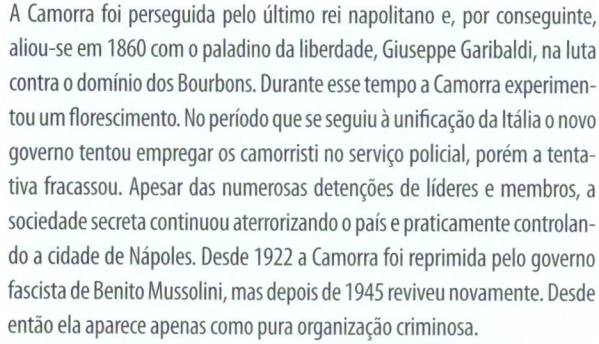

A Camorra foi perseguida pelo último rei napolitano e, por conseguinte, aliou-se em 1860 com o paladino da liberdade, Giuseppe Garibaldi, na luta contra o domínio dos Bourbons. Durante esse tempo a Camorra experimentou um florescimento. No período que se seguiu à unificação da Itália o novo governo tentou empregar os camorristi no serviço policial, porém a tentativa fracassou. Apesar das numerosas detenções de líderes e membros, a sociedade secreta continuou aterrorizando o país e praticamente controlando a cidade de Nápoles. Desde 1922 a Camorra foi reprimida pelo governo fascista de Benito Mussolini, mas depois de 1945 reviveu novamente. Desde então ela aparece apenas como pura organização criminosa.

A Camorra é um fenômeno urbano com estruturas hierárquicas, com a área metropolitana de Nápoles como centro, onde domina, vigia e "protege" tudo. Sangrentas guerras de gangues, particularmente pela supremacia no tráfico de drogas, fazem parte da ordem do dia. Pirataria de produtos de luxo, grandes contratos de construção, tráfico de armas e extorsão são outros apoios às operações bilionárias da Camorra. Estima-se atualmente que seja composta de 126 clãs e mais de 6.000 membros.

■ 'Ndrangheta

Provavelmente hoje a mais poderosa organização criminosa na Europa é a 'Ndrangheta, a máfia calabresa. Hoje possui perto de 7.000 membros, e é constituída por cerca de 100 clãs. Quando na década de 1990 as

SOCIEDADES SECRETAS

CALÁBRIA

organizações da Máfia siciliana eram cada vez mais colocadas sob a mira de observadores e do Ministério Público, e mantidas sob pressão, a máfia da Calábria pôde se erguer e ganhar em importância especialmente no comércio de drogas na Europa, no tráfico de armas e na extorsão em troca de proteção.

Outra vantagem estratégica da 'Ndrangheta é grande importância do parentesco de sangue dentro da organização. Os clãs são todos entrelaçados por parentesco ou casamento. Por isso, é extremamente difícil infiltrar-se nela ou subvertê-la. Platí, na província de Reggio é uma espécie de sede da 'Ndrangheta. Passagens subterrâneas de casa em casa e com câmaras secretas escondidas atrás de portas demarcadas fornecem a infra-estrutura adequada para escapar à polícia repetidamente. Para os investigadores e oficiais de justiça italianos, assim, é muito difícil se introduzir em Platí e perseguir membros da 'Ndrangheta. Como em outras conexões da Máfia, também na 'Ndrangheta existem regras de conduta estabelecidas, os chamados sete princípios: o princípio da "umiltà" exige humildade para com os outros "homens de honra". A "fedeltà" exige lealdade incondicional à comunidade. "Politica" é a linguagem secreta com a qual os membros se entendem uns com os outros. "Falsa politica", porém, é a exigência de dizer a mentira a todos os policiais e representantes do governo. O princípio de "la carta" exige o registro de todos os eventos importantes. Além disso o chefe,

! 'Ndrangheta na Alemanha

Em agosto de 2007, seis italianos foram assassinados em uma pizzaria de Duisburg – uma vingança da 'Ndrangheta havia encontrado seu caminho para a Alemanha. Os dois clãs envolvidos a essa altura já eram supostamente inimigos havia 16 anos. As atividades sangrentas da 'Ndrangheta são dirigidas não apenas para fora, disputas internas levam frequentemente a vendettas entre clãs com anos de duração. Na década de 1990 Reggio di Calabria foi agitada por uma vingança de escala inacreditável: quase todas as noites a polícia relatava uma pessoa morta. Somente medidas drásticas, como o toque de recolher obrigatório durante a noite, ajudaram a colocar a situação um pouco sob controle. Como a 'Ndrangheta está agora ramificada em toda a Europa e também na Alemanha, já não se trata apenas de um problema na Calábria.

de acordo com "il lapsis", deve conduzir uma crônica secreta. Finalmente, "il colello" indica que a associação vem sempre em primeiro lugar e deve ser protegida mesmo sob ameaça de morte. Obviamente, qualquer violação de um dos princípios pode ser punida com a morte.

■ Tríades chinesas

As Tríades são grupos criminosos bem organizados que operam em todo o mundo. Elas estão entre as mais antigas organizações criminosas em geral. Em essência, elas surgiram a partir de antigas sociedades secretas na China. O termo deriva do latim, tri = três, uma vez que as tríades se veem como sociedades da "trindade": elas fundiram idéias diferentes, muito antigas, umas com as outras, o que culminou na relação terra-céu-homem. Além disso, desenvolveram uma linguagem secreta oral e escrita. Como nas antigas sociedades secretas, principalmente esotéricas, em tempos de agitação o roubo e até mesmo a violência contra os ricos desempenhassem um papel, o lado da criminalidade da organização desenvolveu-se muito cedo, mas durante muito tempo não constituiu um fim em si mesmo.

Isso mudou no fim do século XVIII, quando os britânicos começaram em grande estilo a negociar ópio da sua colônia indiana por prata proveniente da China. O comércio do ópio já era ilegal na China desde o início do século, de forma que as tríades se encarregaram dessas operações, que as deixariam ricas e poderosas. No início do século XX as tríades foram encampadas pelo líder revolucionário Sun Yatsen em sua luta pela república chinesa. Mais tarde, sob o governo de Mao Tsé-tung todas as sociedades secretas foram combatidas, em primeiro lugar, porque estavam do lado dos opositores, e em segundo, porque o estado comunista não permitia as associações secretas, que não conseguia controlar. Assim as tríades resvalaram primeiro para a criminalidade, e então, para a ilegalidade. Hoje, elas têm um amplo âmbito de ação, que inclui extorsão, tráfico de armas e pessoas, especulação imobiliária, jogos de azar, prostituição e tráfico de drogas, que na China, através da longa tradição de cultura e comércio de ópio, tem crescido historicamente.

As Tríades podem ser descritas como uma mistura de poderosas sociedades secretas, que defendem e promovem determinados valores éticos e também administram a vida de seus membros. Elas constituem um governo invisível que não possui fronteiras territoriais, mas puramente étnicas; esse estado é caracterizado por uma determinada filosofia e uma hierarquia

Sociedades secretas na China

Na China, as sociedades secretas têm uma longa tradição. Muitas delas eram grupos de culto ligados à religião chinesa, que se reconheciam como taoístas ou budistas. Os membros procuravam, através de rituais e contemplação, através da meditação e exercícios místicos encontrar o lugar certo no mundo. Os chineses não queriam mudar o mundo, mas entendê-lo. Caso surgissem obstáculos políticos a essa busca, ou se houvesse motins, essas associações originalmente esotéricas se colocavam na vanguarda dos confrontos. Nesses casos até soldados davam apoio às sociedades secretas. Portanto surgiram muitas sociedades secretas que perseguiam outros objetivos que não os tradicionais. A sociedade secreta Lótus Branco teve início aproximadamente na luta contra a dinastia Qing (1796). Suas irmandades apoiavam as ações xenófobas da rebelião dos lutadores. A partir das sociedades secretas tradicionais sobreviventes surgiram as tríades criminosas organizadas.

CONSUMO DE ÓPIO NA CHINA

estrita; seu espectro de ação inclui principlmente meios criminosos e extremamente violentos. Os membros das tríades devem jurar obediência absoluta e sigilo por toda a vida. Como sinais de reconhecimento entre si, eles usam símbolos secretos e se comunicam por meio de sinais dos dedos.
Na China hoje há um número estimado de 5.000 tríades, que muitas vezes

❓ Você já sabia?

A Yakuza é uma organização secreta criminosa no Japão, cujas origens remontam ao período Edo (1600-1867). É dividida em várias gangues rivais, cujos membros já podem ser identificados externamente: são tatuados, usam óculos de sol e camisas de cores berrantes, e dirigem carros norte-americanos de luxo. As gangues são chamadas sobretudo na imprensa ocidental de "máfia japonesa", mas, em contraste com a máfia italiana a coesão da organização não se baseia no pertencimento a um determinado grupo étnico ou familiar; as diversas gangues são elas próprias estruturadas como família. Os membros estão sujeitos a uma rígida hierarquia e devem ater-se incondicionalmente às leis da organização. Até 1993, as atividades da Yakuza eram legais, os chefes dos vários bandos possuíam até mesmo jornais, davam entrevistas e apareciam em eventos públicos. Desde a interdição os membros passaram a ser perseguidos pela justiça no Japão e continuaram a trabalhar na clandestinidade. Hoje estão na maioria disfarçados de empresários sérios e se entendem uns com os outros por meio de uma linguagem secreta. As práticas da Yakuza são até hoje absolutamente secretas.

TATUAGEM DA YAKUZA

trabalham em conjunto. Na Europa – muitas vezes coloquialmente conhecidas como "máfia chinesa" – possuem cerca de 250.000 membros e geram anualmente quase 20 bilhões de euros com as suas operações criminosas. A sociedade secreta das tríades está crescendo nos últimos anos na Alemanha. As suas atividades criminosas estão atualmente limitadas e voltadas em grande parte contra pessoas de seu próprio país, tais como a extorsão de dinheiro aos proprietários de restaurantes chineses em troca de proteção, mas também afetam o mercado alemão, por exemplo, através da venda ilegal de cigarros.

⁓ SOCIEDADES SECRETAS AFRICANAS ⁓

Na África, as sociedades secretas têm uma longa tradição e mostram um desenvolvimento diferente daquele do círculo cultural europeu. Mas com a independência dos países africanos os estudos nesse domínio regrediram drasticamente, de modo que a respeito de sociedades secretas nesse continente, que provavelmente ainda são uma forte influência na vida política e social, há muitas informações históricas, mas poucas reais.

■ Sociedades secretas de cultos

Em geral os membros das associações não eram secretos, uma vez que eram sempre os homens da tribo ou vila. Secretos eram os rituais e contextos religiosos. Eram admitidos os que deveriam aprender o mais profundo

RITUAL DE CULTO EM ZÂMBIA

conhecimento secreto sobre as deidades tribais. Os candidatos eram quase exclusivamente jovens do sexo masculino, a quem no começo da iniciação era administrada uma poção, que os fazia cair num estado semelhante à morte. O jovem era colocado num buraco e retirado alguns dias depois. Essa ação significava que o jovem "morria" aos olhos de sua tribo, para renascer novamente logo que o efeito da poção tivesse diminuído. Ele era agora praticamente uma nova pessoa e podia ser admitido na associação, à qual pertencia por toda a vida. A cerimônia de admissão compreendia a pintura ou tatuagem, a remoção da falangeta de um dedo como um sinal, e o festival, no qual a inclusão do candidato na sociedade era comemorada com danças extáticas. Ele passava a viver em um mundo místico no qual se achava em contato com os deuses. As reuniões da sociedade secreta de homens tinham lugar em determinado local, para o qual os de fora não tinham acesso. Qualquer violação desta proibição era punida com a morte, para apaziguar novamente os deuses.

As sociedades secretas eram compostas por um círculo interior e um exterior. Ao muito prestigiado círculo interno pertenciam os chefes de família. Eles conheciam todos os segredos, tomavam todas as decisões, como sobre as novas admissões ou as condenações à morte. O círculo exterior era composto de membros habituais das tribos, porém escolhidos. No núcleo da sociedade secreta ficavam principalmente certos objetos de culto, que eram utilizados em atos rituais, que em alguns grupos incluíam práticas de canibalismo ritual. Como sacrifício humano eram oferecidos membros de tribos hostis ou membros mais fracos da própria tribo, incluindo mulheres e crianças. Nessas reuniões das sociedades secretas o homem pertencia às deidades e também partilhava a "comida" com eles. Especialmente na África ocidental, registaramse as sociedades secretas de homens-feras: como a sociedade secreta dos homens-leopardo no Congo, a sociedade secreta dos homens-pantera no Gabão, assim como homens-crocodilo e homens-leão em Angola. Eles muitas vezes cometiam assassinatos rituais e espalhavam o medo e o terror. Alguns dos grupos foram ativos até o passado recente. As sociedades secretas de homens-feras tinham a ideia de que o espírito é imortal e que sai do corpo não apenas após a morte, mas também ao longo da vida, mesmo que apenas por um período determinado. O espírito separado do corpo podia também utilizar-se de um animal; então entrava em um animal e com a ajuda deste podia cometer atos

MÁSCARA DO CONGO

❓ Você já sabia?

Mau-Mau foi o nome do poder colonial britânico para uma sociedade secreta surgida em 1949, entre os Kikuyu, em Quênia, um dos maiores grupos étnicos da África Oriental. O movimento Mau-Mau pedia a independência do Quênia, em particular, e lutava contra a discriminação dos povos nativos em relação aos colonos brancos. Em 1952 começou a luta armada contra os europeus. A Mau-Mau foi organizada como sociedade secreta na qual cada membro se comprometia mediante um juramento – na montanha sagrada de Kerinyaga – com os espíritos dos antepassados e os deuses, e com o criador do Quênia, e jurava lutar até a morte. Dentro de poucos anos, 120.000 membros, entre os quais também mulheres, estavam filiados à sociedade secreta. Eles ficavam escondidos na mata e eram solidários com a população local. Para sua subsistência realizavam assaltos em fazendas de brancos. Então o governo britânico ventilou que a Mau-Mau era uma sociedade secreta terrorista com sangrentos rituais satânicos, a qual supostamente sacrificara maciçamente vítimas brancas – embora hoje se saiba de menos de 100 vítimas brancas. O poder colonial britânico enviou tropas contra os insurgentes e em 1951 decretou estado de emergência, que só foi revogado em 1962. Em 1963, o Quênia ficou independente.

---

cruéis. Dessa maneira os membros dessas sociedades secretas – em geral eles se cobriam com as peles do animal em questão – podiam a qualquer momento assassinar como homens-feras em nome do espírito. Muitos desses casos de assassinato foram investigados pelas autoridades dos poderes coloniais. Os resultados foram surpreendentes: tratava-se raramente de assassinatos com fundo religioso, na sua maioria tratava-se de inveja, ganância e vingança – motivos perfeitamente humanos, portanto.

Tais assassinatos foram perseguidos no século XX pelas autoridades coloniais e os autores submetidos a processos. Gradualmente, os sacrifícios humanos foram substituídos pelos sacrifícios animais; o canibalismo ritual deixou amplamente de ser praticado. O inexorável avanço da cultura dos poderes coloniais levou progressivamente à mudança das condições de vida e à dissolução de muitas estruturas tribais.

ASSOCIAÇÕES COM OBJETIVOS POLÍTICOS

Especialmente nos séculos XIX e XX surgiram na Europa sociedades secretas fundadas com objetivos meramente políticos. Estas eram frequentemente movimentos estudantis de ordens de trabalhadores, que lutavam por reformas e independência, não raro para a vida e a morte. Aí eles normalmente se afastavam dos seus ideais originais e continuavam a batalha com meios mais radicais para alcançar seus objetivos. Outras organizações posteriores tentaram novamente prevenir certas orientações políticas ou restabelecer formas anteriores de governo. Mas já na época da Reforma havia associações secretas que se levantavam contra a arbitrariedade do governo – as chamadas conjuras camponesas.

■ Armer Konrad

A expressão "Pobre Konrad" se refere às sociedades secretas camponesas que se ergueram em 1514 contra seu senhor feudal, o duque Ulrich von Württemberg (1487-1550). Esse nome foi uma utilização irônica da designação escarnecedora com que os aristocratas da época chamavam o homem pobre em geral. A população rural era arrastada por seus senhores feudais a uma servidão cada vez mais rigorosa. Ulrich von Württemberg havia exagerado com novos impostos de consumo desproporcionais e a introdução de padrões de peso reduzidos (de modo que o comprador tinha menos produto pelo mesmo preço). Houve protestos violentos por parte dos camponeses, liderados por Peter Gaiss.

O "Gaispeter" era o capitão do Armer Konrad. Ele usava um camisolão camponês de linho branco e um chapéu de feltro cinza e registrava num rol todos os agricultores que se apresentavam. Na irmandade eram admitidos apenas trabalhadores, mendigos e andarilhos. O admitido devia se comprometer, recebendo uma palmada na mão, a não trair a senha secreta e as leis da sociedade. Posteriormente, era-lhe atribuída uma parcela de bens imaginários da fraternidade, por exemplo, vinhas ou campos na lua. O significado deste ato simbólico realmente não é conhecido. A associação também tinha a sua própria bandeira. Era azul com um crucifixo diante do qual se ajoelhava um agricultor, e com a inscrição "O pobre Conrad".

A revolta foi abatida pelas tropas do duque. Os rebeldes, assim como muitos agricultores, foram detidos, torturados e presos ou decapitados. Finalmente a Armer Konrad se desintegrou. Estes distúrbios, entretanto, foram os precursores da guerra camponesa alemã, que eclodiu dez anos mais tarde.

■ Defenders

Os Defenders ("defensores"), foi provavelmente uma das primeiras organizações secretas na Irlanda. Era uma sociedade católica fundada em torno de 1641 e cujo objetivo era alcançar e manter a liberdade política e religiosa. O rei Carlos I (1600-49) promovia a imigração da população protestante para a Irlanda, preferida às expensas dos católicos. Então eles recebiam, por exemplo, a terra que previamente havia sido tomada aos católicos. O líder da organização secreta, Rory O'Moore (1620-55), havia organizado essa sociedade entre a empobrecida e oprimida população católica. Houve uma revolta dos Defenders, que teve por consequência uma cruel perseguição dos protestantes. Então os católicos perseguiram e massacraram os protestantes com a mesma brutalidade com que os protestantes haviam perseguido os católicos anteriormente. Os Defensores seguiam secretamente para as montanhas à noite, para celebrar a missa católica, que agora era proibida. Por fim, os participantes da associação atacaram os protestantes, saqueando-os e assassinando-os. As atividades violentas da associação secreta duraram quase oito anos. Durante esse tempo, o exército inglês pouco pôde empreender contra a sociedade, porque esta agia em segredo. Assim não havia oponentes tangíveis contra os quais o exército pudesse lutar. A situação só mudou quando Oliver Cromwell (1599-1658) se tornou o lorde protetor da Inglaterra, Escócia e Irlanda.

Cromwell, que anteriormente arranjara a execução de Carlos I e impedira os Stuarts de tomar o poder, colocou então o exército orientado contra a população católica, para suprimir a rebelião e reconquistar a Irlanda. Durante a reconquista Cromwell foi extremamente brutal. Na cidade de Drogheda, houve um massacre em que 4.000 homens, mulheres e crianças foram torturados e mortos. Os padres que caíam nas mãos do exército eram enforcados. Foram até estabelecidos prêmios pelas cabeças dos religiosos católicos. O objetivo era o de erradicar os católicos. Católicos foram expropriados, suas terras repassadas aos protestantes, incluindo oficiais de Cromwell. Os acontecimentos durante a revolta finalmente separaram de forma duradoura a Irlanda em dois campos – uma sepa-

CARLOS I

ração que ainda existe na Irlanda do Norte.
Os Defenders ingressaram no século XVIII juntos outra vez e continuaram lutando para libertar a Irlanda do jugo inglês, e participaram nas revoltas de 1779 até 1798. Após o fracasso das tentativas de forçar o governo britânico a concessões políticas, a associação se desfez definitivamente.

■ Sociedades católicas contra associações protestantes

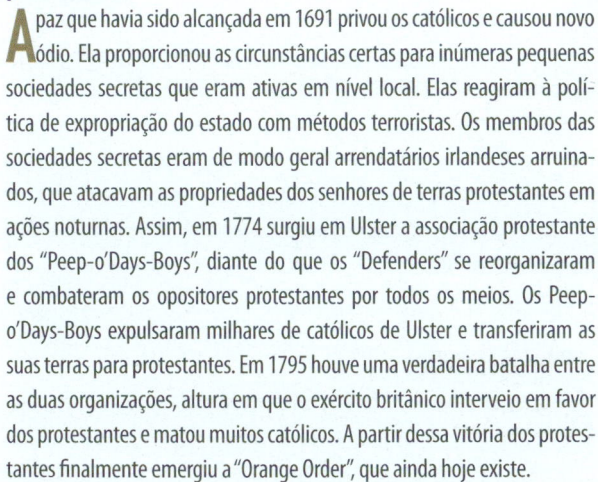

OLIVER CROMWELL

A paz que havia sido alcançada em 1691 privou os católicos e causou novo ódio. Ela proporcionou as circunstâncias certas para inúmeras pequenas sociedades secretas que eram ativas em nível local. Elas reagiram à política de expropriação do estado com métodos terroristas. Os membros das sociedades secretas eram de modo geral arrendatários irlandeses arruinados, que atacavam as propriedades dos senhores de terras protestantes em ações noturnas. Assim, em 1774 surgiu em Ulster a associação protestante dos "Peep-o'Days-Boys", diante do que os "Defenders" se reorganizaram e combateram os opositores protestantes por todos os meios. Os Peep-o'Days-Boys expulsaram milhares de católicos de Ulster e transferiram as suas terras para protestantes. Em 1795 houve uma verdadeira batalha entre as duas organizações, altura em que o exército britânico interveio em favor dos protestantes e matou muitos católicos. A partir dessa vitória dos protestantes finalmente emergiu a "Orange Order", que ainda hoje existe.

Em Dublin, a essa altura também foi fundada uma sociedade secreta, chamada "United Irishmen". Os membros dessa sociedade visavam a igualdade entre católicos e protestantes, para que eles então pudessem viver em uma Irlanda livre. A Inglaterra, no entanto, não queria essa aproximação e cuidou para que nunca se concretizasse. Assim a associação dos United Irishmen evoluiu mais e mais para uma sociedade secreta puramente católica, à qual também se juntaram os membros dos Defenders.

■ Orange Order

A Orange Order (Ordem Laranja) é uma associação de adeptos de um domínio inglês-protestante da Irlanda do Norte. Entre os protestantes, que haviam saído como vencedores da insurreição dos católicos irlandeses, havia os que odiavam os católicos e fundaram uma ordem em 1795, que ao mesmo tempo era abertamente protegida e guardada pelos britânicos e confidencialmente tomava parte em ações terroristas na luta contra o movimento nacional irlandês – a Orange Order, na época Orange Society. A Orange Order foi o que é encontrado frequenemente na história política moderna: um partido legal, ou instituição pública com uma associação secreta em seu interior, que na qualidade de serviço especializado assume ações secretas e ilegais. Esta tática colocou a possibilidade de escolher qualquer forma legal ou ilegal, dependendo de se a organização quisesse ser democraticamente ativa, ou se não pudesse. Exemplos de hoje são a OLP dos palestinos ou a ETA no País Basco.

GUILHERME III

O nome da ordem remonta ao rei Guilherme III (1650-1702), da Inglaterra, que provinha da Casa de Orange, que usa a cor laranja. Assim a cor laranja também se tornou a cor da Orange Order. Anualmente em 12 julho a ordem realizava desfiles na Irlanda do Norte, que a população católica entendia como uma provocação, já que as procissões também passavam em parte pelo bairro católico. O evento visa lembrar a repressão da rebelião irlandesa de 1690 por Guilherme III. Ele venceu o antigo rei inglês Jaime II (1633-1701) no rio Boyne.

■ Propaganda Due

A Propaganda Due ou P2 foi originalmente fundada em Roma pelos maçons, em 1887, contra a comunidade religiosa "Congregação para a propagação da fé" ("Propaganda Fide"), e esmagada durante o fascismo na Itália. Em 1944, a P2 foi novamente fundada por Licio Gelli (1919-) e se tornou uma das mais influentes lojas maçônicas da Itália. Era um grupo secreto dentro de uma sociedade secreta. Os membros eram personalidades do meio empresarial, político e militar, mas também da Máfia. Mais recentemente, a P2 tinha cerca de 900 membros no governo italiano e no mundo financeiro. A P2 foi ressuscitado principalmente por um motivo: deveria impedir a tomada do poder pelos comunistas na Itália, no caso de uma vitória eleitoral. A sociedade secreta tinha o objetivo de infiltrar-se no governo italiano com ajuda de seus membros influentes e, na devida altura, tomar o poder em si.

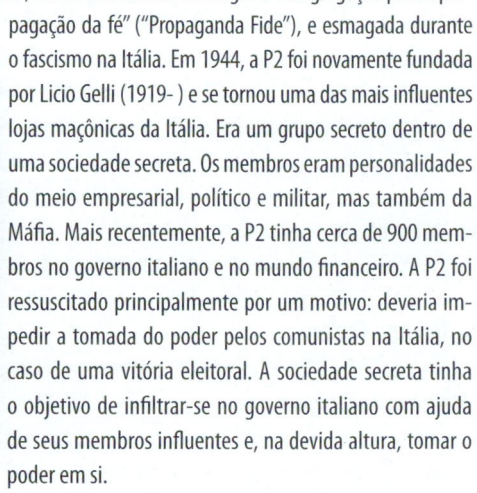

LICIO GELLI

As maquinações do P2 foram descobertas em 1981. Em

> **?** **Você já sabia?**
> Até mesmo o Vaticano esteve implicado no escândalo em torno da Propaganda Due. Paul Marcinkus (1922-2006), um arcebispo católico, era diretor do Banco do Vaticano na época do escândalo em torno da sociedade secreta. Ele tinha ligações estreitas com a P2, mantinha negócios com "falsos bancos" e estava envolvido com a lavagem de dinheiro. Ele perdeu o seu posto, houve mesmo um mandado de prisão, de modo que ele ficou temporariamente sem permissão para sair. O Vaticano pagou milhões para as vítimas, embora se aferrasse à inocência de Marcinkus. Mais tarde, Marcinkus foi enviado em desgraça de volta aos EUA, onde permaneceu até a sua morte trabalhando como vigário.

uma busca na casa de Licio Gelli – mestre da cátedra, até que a loja foi excluída da maçonaria – foi descoberta, entre outras coisas, uma lista dos membros da P2 onde estavam registradas muitas personalidades famosas e influentes. Caso se possa dar crédito às listas publicadas da loja secreta, também Silvio Berlusconi (1936-), que até recentemente foi primeiro-ministro da Itália, aparecia como membro. A descoberta gerou um escândalo político na Itália.

O grupo foi acusado de uma conspiração para preparar um golpe fascista. Foram-lhe atribuídos inúmeros ataques e atos terroristas, incluindo o devastador atentado a bomba em 1980 contra a estação ferroviária de Bolonha. Como resultado do escândalo altos funcionários políticos e oficiais militares renunciaram a seus cargos. Além disso, houve muitas acusações de transações com drogas, fraudes financeiras e outros crimes. Em 1982 a P2 foi declarada dissolvida pelo Parlamento italiano e largamente aniquilada. No entanto, não é de se excluir que se tenham reorganizado sob um novo nome.

▪ Guglmänner

Os Guglmänner são uma sociedade secreta da Baviera cujos membros assumiram a tarefa de não descansar até que as circunstâncias da morte do rei Luís II da Baviera (1845-86) sejam completamente esclarecidas. Eles estão firmemente convencidos de que o monarca não tenha cometido suicídio, mas sido assassinado por conspiradores. Guglmänner são membros de uma fraternidade de fidelidade ao rei segundo o modelo dos cavaleiros medievais. De acordo com alguns dados os primórdios da sociedade secreta remontam às Cruzadas, no entanto, não há provas irrefutáveis. O nome

■ SOCIEDADES SECRETAS

GUGLMÄNNER

"Guglmänner" vem de Gugel ou Gugelhaube. Era um capuz apertado combinado a uma peça que cobria os ombros, surgido a partir do manto com capuz dos monges e foi um exemplo típico da indumentária dos homens dos séculos XIV e XV. Assim, os membros da sociedade secreta usam em

❗ A misteriosa morte do rei do conto de fadas

Depois que seu médico pessoal, o dr. Bernhard von Gudde (1824-86), proclamou o transtorno mental do rei Luís II, o monarca despossado – seu tio Leopoldo assumiu a regência – foi levado para o castelo de Berg, no lago Starnberg. Lá ele e von Gudde encontraram a morte em 13 de junho de 1886. As circunstâncias da morte são obscuras até hoje. Oficialmente o médico teria sido morto ao tentar impedir que o rei cometesse o suicídio. Segundo a outra versão, o rei enlouquecido estrangulou seu médico e em seguida se afogou no lago. Assim, desenvolveram-se até hoje muitos rumores sobre a morte do rei do conto de fadas da Baviera, inclusive a alegação de que ele tinha sido assassinado. Por essa razão, os Guglmänner fiéis ao monarca não descansarão até que as "verdadeiras" circunstâncias da morte de Luís II estejam totalmente esclarecidas.

BASE DO REI LUÍS II NO LAGO STARNBERG

suas aparições em público – por exemplo, em 13 de junho, data da morte do rei – um manto negro de monge com capuz, que de fato deixa-lhes a cabeça completamente velada. Eles encontram-se na tradição dos grupos mascarados que nas cerimônias fúnebres dos monarcas da Baviera carregavam o caixão; eles se vestiam com mantos pretos de monges e tinham a cabeça e o rosto cobertos. Eram considerados símbolos da morte e deviam relembrar a transitoriedade dos vivos.

A sociedade secreta é estruturada hierarquicamente e consiste de um "definitorium" de sete cabeças: iniciante, escudeiro, cavaleiro, comandante, condestável, senescal e timoneiro. Não se pode ingressar para os Guglmännern, mas é possível ser escolhido como Guglmann. Critérios decisivos são lealdade ao rei, reputação impecável e virtudes cavalheirescas como formação (decência e autocontrole), alta *Minne* (bom desempenho social) e caridade cristã. O capuz (Gugl bávaro) é recebido pelo escolhido somente no terceiro grau, como cavaleiro. A ordem atua em segredo; suas leis, rituais, locais de encontro assim como o número e os nomes dos membros são estritamente confidenciais. O lema dos Guglmänner reza: "Media in vita in morte sumus" – "No meio da vida estamos rodeados pela morte."

■ Omladina

Omladina (juventude) é o nome de uma associação secreta sérvia que se originou em 1848, na Hungria, e lutou pela independência da Sérvia, e de uma sociedade secreta tcheca, composta a partir do movimento operário no final do século XIX. A associação sérvia era originalmente clube literário fundado por estudantes em Bratislava, que sob o título de Omladina publicou muitas obras poéticas; o nome acabou por ser transferido a todo o conjunto de estudantes eslavos. A associação secreta tinha sua sede no sul da Hungria; a partir dali estendia uma densa rede de comitês locais e tentava despertar o espírito nacional da população eslava. A ação agitadora atraiu a atenção do governo húngaro e a sociedade secreta foi dissolvida. A associação continuou as suas atividades em segredo e se tornava cada vez mais influente, mas perto do final do século XIX foi suprimida.

A emergência da Omladina tcheca também está ligada ao movimento pan-eslavo. Movimentos estudantis também aderiram a essa sociedade secreta, que estava se tornando cada vez mais radical e anarquista, e se distanciando dos partidos políticos e objetivos democráticos que perseguira inicialmente.

Cinco membros ou uma "mão" formavam um grupo. Em uma reunião secreta, os participantes escolhiam o "polegar", que por sua vez escolhia seus quatro "dedos"; esses cinco escohiam novamente um "polegar", este, uma nova "mão", ou seja, um novo grupo. Os "dedos" se conheciam só entre si, mas não conheciam os "dedos" de outras "mãos". Apenas o primeiro "polegar" conhecia todos os demais. Ele era o "diretor" e conduzia a sociedade secreta; ele colocava todos os outros "polegares" ao par da proposta de atividades, estes por sua vez repassavam os comandos aos "dedos" a eles subordinados. "Polegares" e "dedos" prestavam juramento de sigilo e eram comprometidos a obedecer. O sinal distintivo dos membros era uma fita branca com as letras RVB (Rovnost = igualdade; Volnost = liberdade; Bratstwo = fraternidade) sobre um fundo vermelho. Os omladinistas utilizavam entre si uma escrita secreta. A Omladina se envolvia em quaisquer atividades terroristas, e atiçava o movimento dos trabalhadores contra a polícia e os militares. Em 1893 ocorreram violentos motins e manifestações contra o imperador, com muitos membros da Omladina presos em 1894 e condenados a longas penas. Após a fundação da República da Tchecoslováquia foi estabelecido, em 1919, o Clube Político Omladina.

■ Mão Negra

A Mão Negra (Crna Ruka), também conhecida como "União ou Morte" (Ujedinjenje ili Smrt), foi uma sociedade secreta sérvia fundada em 1911 pelos funcionários Vojin Tankosi'c e Dragutin Dimitrijevi'c (nome fictício "Ápis"). A organização pretendia a libertação de todos os eslavos meridionais da supremacia turco-otomana e austro-húngara e o estabelecimento de um grande reino sérvio com a inclusão das regiões da Bósnia-Herzegóvina, da Croácia e da Eslovênia, dominadas pela Áustria. Para atingir essa meta, a Mão Preta não recuava ante a violência. Promovia a agitação política e até mesmo assassinato. Isso também era mostrado claramente no símbolo

ATENTADO EM SARAJEVO
CONTRA O HERDEIRO DO TRONO
FRANCISCO FERDINANDO

da sociedade secreta: uma bandeira negra com uma caveira diante de ossos cruzados, rodeada por uma faca, um revólver e uma garrafa de veneno. A associação descrevia-se como "absolutamente secreta", embora a sua existência e alguns membros fossem conhecidos pelo público. Os membros não utilizavam nomes, mas recebiam números a fim de salvaguardar o sigilo. Cada membro tinha que atrair novos membros, que conheciam apenas a pessoa que sabiam tê-los contatado. A liderança da organização não era conhecida por ninguém, uma vez que se mantinha secreta. A condição de membro era vitalícia, ninguém era autorizado a deixar a organização. Havia intermediários, que retransmitiam as instruções absolutamente obrigatórias da liderança. Traidores tinham que contar com a morte. A administração central proferia as sentenças de morte, que eram executadas pelos membros importantes.

Na Bósnia a Mão Negra se aliou no início de 1914 com o círculo de conspiradores Jovem Bósnia (Mlada Bosna), que havia sido fundado em 1908 por estudantes. Do seio dessa sociedade secreta eram recrutados homens jovens e fanáticos. Eles deviam, já em 1910 e 1911, cometer atentados contra personalidades da liderança, mas fracassaram. Também o príncipe Gavrilo (1895-1918) e seus co-conspiradores eram membros da Mlada Bosna. Eles conseguiram, usando a Mão Negra, desferir o ataque mortal contra o herdeiro do trono austríaco, arquiduque Francisco Ferdinando (1863-1914) e sua esposa, em 28 de junho de 1914, em Sarajevo – o ato que desencadeou a I Guerra Mundial. Em 1917 todos os membros da Mão Negra foram presos, Dragutin Dimitrijevi'c (1876-1917) e alguns outros membros foram executados e a associação secreta foi dissolvida.

▪ Gladio

Na zona fronteiriça entre a sociedade secreta política e organização de fundo terrorista está situado o ainda pouco explorado projeto "Gladio". Juntamente com a CIA e o MI6, a OTAN coordenou, após a II Guerra Mundial, a preparação de exércitos secretos para o caso de uma tomada soviética do poder na Europa Oriental. Em 1990 a existência desta organização secreta foi revelada numa comissão de inquérito sobre vários atentados terroristas na Itália. Maiores detalhes sobre a estrutura e a hierarquia, sobre a participação e a autoridade de instrução, no entanto, até agora pouco se conhecem. Presumivelmente, no entanto, a Gladio esteve envolvida em vários ataques em seus próprios países, para manter elevados o sentimento anticomunista e a necessidade de segurança da população. A apuração dos fatos sobre a Gladio se mostrou bastante lenta. Na Alemanha, por exemplo, a SPD se arrastou no minucioso esclarecimento de todas as conexões, uma vez que foi revelado que ex-oficiais da SS estavam envolvidos na Gladio. Logo ficou evidente, no entanto, que mesmo os líderes políticos da SPD deviam ter conhecimento do exército secreto. O inquérito teve lugar, com a concordância da SPD e da CDU, por trás de portas fechadas. O que é certo é que a organização atuava além das estruturas democráticas e também não estava sujeita a nenhum controle constitucional. Até que ponto os exércitos secretos ainda existem, ou mesmo estão ativos, não é de conhecimento geral.

A única cruzada internacional de investigação sobre a Gladio é conduzida até hoje pelo historiador dr. Daniele Ganser, da ETH Zurique. Ele assume que não se trata apenas de uma rede secreta de segurança, mas dos chamados exércitos-de-retaguarda, que em alguns casos tornavam-se células terroristas por excelência. Não é de excluir que membros da Gladio tenham estado envolvidos em ataques como aquele à estação de trem de Bolonha (1980) ou à Oktoberfest de Munique (1980).

ORGANIZAÇÕES SECRETAS TERRORISTAS

Assassinatos ou atentados políticos são uma arma de luta muito bem conhecida pelas associações secretas. Tais organizações e sua abordagem não são nenhuma invenção do nosso tempo, já que as suas raízes remontam à Idade Média.

■ Assassinos

Assassinos é a designação europeia para os seguidores de uma seita secreta fundada em 1080, que durante quase dois séculos espalhou o medo e o terror pelo Oriente Médio. Como ismailitas, os seus antecessores tinham se separado dos xiitas, a menor das duas principais correntes do Islã. O nome Assassinos é uma corruptela da palavra árabe *hashishiyun* (fumantes de haxixe). A seita foi acusada por seus adversários sunitas de tornar dóceis os seus seguidores por meio de drogas.

O objetivo dos Assassinos era derrubar o sistema político e social do grande império islâmico para erigir um estado de Deus, no qual, segundo creem, o Islã verdadeiro e não adulterado será revivido, bem como a paz, justiça e igualdade deverão se instalar. Hassan-i Sabbah (1034-1124) foi o fundador e principal líder da seita. Ele e seus seguidores residiam no Alamut, reduto

CASTELO DE MASYAF – SEDE DOS ASSASSINOS SÍRIOS

ao sul do Mar Cáspio (no Irã atual). Ainda no tempo de sua vida os assassinos, tentaram também firmar uma posição na Síria, onde entraram em contato com os cruzados. Estes trouxeram as histórias de atrocidades e da brutalidade desta comunidade político-religiosa para a Europa, o que, em última instância, teve o efeito de fazer que a designação "Assassinos" sofresse uma importante mudança e se tornasse sinônimo de execução motivada politicamente (por exemplo, em inglês: to assassinate = matar, cometer um atentado).

A sociedade secreta se utilizava de assassínio político como meio para atingir o objetivo. Em seus ataques, os agressores usavam apenas punhais; viam-se como mártires, e depois de seus atos não tentavam fugir. Assim eles colocavam a sua própria morte na transação, porque seria con-

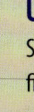

! O Velho da Montanha

Sob o nome de "Velho da Montanha", o líder dos Assassinos entrou para a história como uma figura lendária. Muitas vezes, o fundador dos Assassinos, Hassan-i Sabbah, foi erroneamente referido como tal. Na verdade, no entanto, esse era o apelido do líder da ramificação síria dos Assassinos, Rashid al-Din (1135-92), que viveu muito mais tarde, e liderava os Assassinos sírios de maneira muito própria, até finalmente alcançar plena independência da ordem persa de origem. Sua sede era o castelo de Masyaf, na província de Hama, na Síria.

■ SOCIEDADES SECRETAS

? Você já sabia?
O lendário Marco Polo deve ter encontrado pessoalmente os Assassinos. Quando ele voltava da China no final do século XIII, informou sobre os encontros com os membros desta seita na Pérsia. Ele teria visto ali "um maravilhoso jardim", copiado do Paraíso como Maomé o havia descrito, e que só os membros da sociedade secreta conheciam. Na sua entrada havia um enorme castelo, que impedia que os viajantes, por acidente, chegassem ao magnífico jardim.

O VELHO DA MONTANHA NO JARDIM DO PARAÍSO

siderado uma vergonha o assassino sobreviver à vítima. A recompensa por isso devia ser a entrada no paraíso celestial. Os alvo desses assassinatos eram príncipes, oficiais, altos funcionários e dignitários religiosos da fé sunita. Os Assassinos tinham uma rígida estrutura hierárquica. Os irmãos leigos eram membros do primeiro grau e os próprios sujeitos da ordem. Ao segundo grau pertenciam os membros que se ofereciam para a coisa santa. Tratava-se de jovens que, provavelmente utilizando bebidas estupefacientes, eram lançados num estado de intoxicação. Através disso atingiam o estado de êxtase místico, e assim se tornavam uma ferramenta de homicídio. Eles vestiam roupas brancas, boinas e cintos vermelhos – as cores da inocência e do sangue. O terceiro grau abrangia os companheiros, aos quais se seguiam os graus de mestre e de grão-prior. No ápice da sociedade secreta terrorista achava-se o grão-mestre, que alcançava o sexto e o sétimo graus. A doutrina secreta da ordem estava registrada em um estatuto especial, composto de sete capítulos.

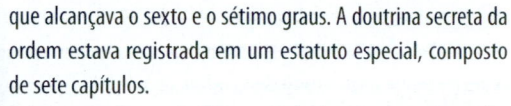

A destruição do castelo Almut, a sede da seita, em 1256, pelos mongóis, colocou um fim aos atos violentos dos Assassinos.

■ Narodniki

Os Narodniki (amigos do povo) foram uma tendência socialista agrícola no âmbito do movimento revolucionário russo, que se formou em torno de 1860. Contra o domínio autocrático e a situação retrógrada formou-se uma corrente socialista radi-

ALEXANDRE II

Estatutos do Terror

O revolucionário russo e membro dos Narodniki, Sergei Netschajew (1847-82), é considerado o criador da lei do terror. Após a sua detenção e condenação em 1872, a polícia encontrou o livro de anotações codificado de Netschajew contendo a filosofia política de sua sociedade secreta, que foi e continua sendo utilizada por todas as organizações terroristas secretas de orientação terrorista incluindo o IRA, a RAF e a Al-Qaeda. Ali se afirma: "O revolucionário é desenhado pelo destino. Ele não tem interesses pessoais, sentimentos e relacionamentos... ele não tem nenhuma propriedade, nem mesmo um nome... O revolucionário deve se tornar aço, para suportar a tortura, ser duro consigo mesmo, mas duro também para os outros... O revolucionário conhece apenas uma ciência, a ciência da destruição. Para isso ele estuda mecânica, física, química e talvez também medicina. Por isso ele estuda a ciência viva das pessoas, os estados e as condições da atual ordem social em todas as camadas possíveis. O único objetivo, entretanto, é a mais rápida destruição dessa ordem maligna do mundo."

cal de jovens intelectuais, que saíam para o campo para trabalhar entre os os camponeses. A sua ideia era uma nova sociedade baseada no modelo tradicional das comunidades rurais (mir). Os membros da sociedade secreta tinham por meta atingir a mudança na situação política apenas com os meios de terror. Eles criaram uma rede de grupos secretos, cada um com tarefas específicas envolvidas. Cada candidato ao sacrifício, normalmente um estudante, organizava um grupo de associados secretos cujos membros eram conhecidos só para ele, que por sua vez só conheciam a ele e aos membros de seu grupo. Destes cinco, cada membro do grupo deveria criar um novo grupo de cinco membros, e assim por diante. Todos tinham de se subordinar incondicionalmente a um centro comum, o "comitê executivo". Dentro da associação não se utilizavam nomes, apenas números. Os Narodniki desencadearam um terror individual até então sem precedentes. Muitos governadores e altos funcionários foram mortos. A sociedade secreta foi perseguida obstinadamente pela polícia secreta czarista. Uma revolta espontânea e desorganizada da associação em 1874 foi reprimida. Chegou-se a uma cisão da associação, uma vez que as posições estavam muito distantes. O grupo que preconizava o terror, fundou uma nova sociedade secreta, chamada Narodnaya Wolja (Vontade do Povo). Suas atividades terroristas contra os representantes do czarismo atingiram seu clímax com o assassinato do czar Alexandre II, em 1881. A ideologia dos Narodniki influenciou os atores posteriores da Revolução Russa.

■ Al-Qaeda

A Al-Qaeda é uma rede de terroristas islâmicos fundamentalistas, que opera em nível internacional e é responsável por numerosos ataques. Ela surgiu a partir da resistência armada contra a ocupação soviética do Afeganistão (1979-89), financiada na maior parte pelos Estados Unidos e pela Arábia Saudita. O fundador foi Osama bin Laden (1957-), um multimilionário saudita e islamista radical. Ele apoiou a luta de libertação dos mujaïdin no começo principalmente com dinheiro, e mais tarde também através do recrutamento e do treinamento militar. Sua organização de recrutamento era chamada, desde 1988, Al-Qaeda (em árabe, Al-Qaeda = regra, fundação, base), e construiu quartéis-generais no Afeganistão e no Paquistão. Após o estabelecimento da ditadura pelos radicais islâmicos talibãs no Afeganistão, Osama bin Laden estabeleceu desde 1996 contatos estreitos com outros grupos terroristas islâmicos e finalmente reuniu-os em 1998 para a "frente internacional para a Guerra Santa contra os Judeus e os Cruzados", ao abrigo da Al-Qaeda. Ao mesmo tempo, ele impôs uma fatwa (sentença legal islâmica), que devia comprometer os muçulmanos de todo o mundo a assassinarem os norte-americanos e seus aliados – civis e militares.

A meta inicial era a libertação dos lugares santos do Islã em Jerusalém e da Arábia Saudita dos "infiéis", e mais tarde a luta se expandiu gradual-

OSAMA BIN LADEN

> ### ! Ataques suicidas
> Em sentido estrito o suicídio é rigorosamente proibido, de acordo com o Alcorão. Esta é a razão pela qual os autores e os de sua organização nunca falam em "suicídio", e suas ações são descritas como um "sacrifício a Deus", um autossacrifício como "martírio". Na ideologia das organizações terroristas islâmicas o sacrifício pela fé é muito mais visto como um evento feliz e o autossacrifício é apresentado como um presente para Alá.

Os principais ataques da Al-Qaeda

7 de agosto de 1998: atentados a bomba contra a embaixada dos EUA em Nairobi (Quênia) e Dar-es-Salaam (Tanzânia); mais de 250 mortes

11 de setembro de 2001: Ataques aéreos contra o World Trade Center, em Nova York, e o Pentágono, em Washington; mais de 3.000 vítimas mortas

12 de outubro de 2002: ataque a bomba a uma discoteca em Bali (Indonésia); 180 mortes.

11 de setembro de 2003: ataque a bomba aos trens do metrô em Madrid; 191 mortes.

mente para a jihad (guerra santa), na qual se pode proceder com todos os meios do terrorismo contra os não-muçulmanos. Voluntários foram recrutados em todo o mundo, e em campos islâmicos de treinamento no Afeganistão foram instruídos para a ideologia da Al-Qaeda e receberam formação terrorista, especialmente para atuarem como homens-bomba suicidas.

O objetivo dos jihadistas é limpar a cultura islâmica das influências do estilo de vida ocidental, visto como decadente. O inimigo principal são

KANDAHAR, NO AFEGANISTÃO

os Estados Unidos como o maior poder do mundo de hoje. Mas também Israel, a Rússia, os parceiros europeus e aliados ocidentais dos países árabes estão entre os inimigos da organização terrorista. Uma característica dos guerrilheiros vivendo dispersos pelo mundo e atuando em diferentes associações são as mais espectaculares ações terroristas. Para demonstrar que estão lutando por algo maior, os autoproclamados guerreiros de Deus encenam seus atos de violência preferentemente sob a forma de seu próprio martírio.

A derrubada do regime talibã, que concedia esconderijo à liderança da Al-Qaeda, enfraqueceu o núcleo da organização e levou ao surgimento de um número inimaginável de pequenas células regionais, o que tornou a organização terrorista ainda mais imprevisível e, por cima, ainda mais difícil de combater. Cruciais para o fluxo de informação são os contatos pessoais entre os membros das diferentes células. Hoje, estima-se que a Al-Qaeda tem 5.000 membros e conta com células em cerca de 50 países. Muitos dos militantes especialmente treinados, conhecidos como dormentes, vivem em seus países de acolhimento e esperam o comando para atuar.

? Você já sabia?

Antes de ser um membro fundador e líder da organização terrorista Fração do Exército Vermelho e realizar atentados com seu próprio grupo, Ulrike Meinhof (1934-76) foi uma famosa jornalista, inclusive como editora do jornal Konkret. Mais tarde ela escreveu o conceito ideológico decisivo da RAF. Esteve envolvida na libertação de Andreas Baader em 1970 e em vários atentados a bomba em 1972. Em 15 de junho de 1972, ela foi detida juntamente com outros membros dirigentes da RAF. Em 1975 foi iniciado o processo principal contra Meinhof e a liderança da RAF. A acusação dizia respeito, entre outras coisas, a cinco assassinatos. Em 9 de maio de 1976, durante o processo, Ulrike Meinhof foi encontrada enforcada em sua cela na prisão Stuttgart-Stammheim. Segundo a procuradoria, foi suicídio. Os simpatizantes da RAF, porém, duvidavam dessa teoria de suicídio e houve manifestações violentas contra a polícia e o governo.

ULRIKE MEINHOF

■ Fração do Exército Vermelho

A Fração do Exército Vermelho (RAF – Rote-Armee-Fraktion) foi uma organização terrorista de extrema esquerda, formada em 1968 e voltada contra o sistema social da República da Alemanha, que surgiu designada como Grupo-Baader-Meinhof, a partir dos nomes de seus líderes Andreas Baader e Ulrike Meinhof. A RAF tinha suas raízes na oposição extra-parlamentar (APO) e no movimento estudantil dos anos 1960. Usava a tática de guerrilha urbana da América (ataques com fogo e explosivos, assaltos a bancos para angariação de fundos, atentados). A organização entende-se como parte do terrorismo internacional e teve alguns dos seus membros treinados militarmente no Oriente Médio por combatentes da resistência palestina. Ela manteve relações com grupos terroristas no exterior, tais como o IRA, na Irlanda, ou as Brigadas Vermelhas, na Itália.

Entre as ações da RAF contavam-se, além de ataques a instalações dos EUA na Alemanha, especialmente atentados contra representantes do estado e da economia. Muitas destas ações foram tentativas de libertação ou atos de vingança por membros da RAF presos ou mortos.

O desenvolvimento de ações violentas da APO começou em abril de 1968 em Frankfurt: Andreas Baader (1943-77) e Gudrun Ensslin (1940-77) juntamente com outros atearam um incêndio a uma loja de departamentos, para marcar uma posição contra a guerra do Vietnã. Nesse mesmo ano, eles foram posteriormente condenados a três anos de prisão por tentativa incendiária com perigo para a vida humana. Baader e Ensslin conseguiram escapar inicialmente; então em abril de 1970 Baader foi preso. Em junho de 1970 Ulrike Meinhof deu início à sua libertação: em uma saída devido a uma falsa pesquisa do Instituto Central Alemão sobre questões sociais eles, dominaram os policiais e o pessoal do instituto, ferindo mortalmente uma pessoa. Por fim eles começaram a criação subterrânea da chamada Fração do Exército Vermelho. Desde essa altura eles procederam à sua "luta armada" contra o "sistema

SEQUESTRO DO PRESIDENTE EMPREGADOR HANNS MARTIN SCHLEYER

imperialista" da República Federal da Alemanha, contra a OTAN e o "complexo militar-industrial". Andreas Baader, Ulrike Meinhof, Jan-Carl Raspe e Gudrun Ensslin, os membros do nível de comando, foram responsabilizados por uma série de bombardeamentos e ataques incendiários. Eles foram presos em 1972 e condenados a uma parte da vida na prisão. Durante os anos seguintes, a propagação do conceito ideológico original da RAF passou mais e mais para segundo plano em prol de seqüestros (Peter Lorenz, presidente da CDU de Berlim; Hanns Martin Schleyer, presidente empregador) que deviam servir à pressão pela libertação dos membros da RAF. Após a morte dos principais membros da RAF em 1977 (Andreas Baader, Gudrun Ensslin e Jan-Carl Raspe suicidaram-se na prisão), a organização voltou seus atentados contra políticos, representantes do poder judicial e administradores. A mediação de objetivos ideológicos foi por fim quase totalmente abandonada. Em 1993, seguiu-se por parte do nível de comando, uma declaração de renúncia à violência. Em 1998, os últimos membros remanescentes da RAF ainda vivendo subterraneamente, declararam em uma carta a dissolução da Fração do Exército Vermelho. A RAF foi responsável, em 20 anos de terror, por mais de 30 assassinatos.

ASSOCIAÇÕES RACISTAS

Nos anos após o final da I Guerra Mundial os sistemas de valor se despedaçaram, havia um sentimento de crise na sociedade. Durante esse período surgiram inúmeras associações esotéricas, a maioria das quais não tem quaisquer objetivos políticos ou raciais. Mas foram também fundadas ordens em que formas e métodos esotéricos, ocultistas e mágicos foram usados indevidamente para fins políticos. Algumas sociedades secretas, pela combinação direta da política e esoterismo, contribuíram substancialmente para a divulgação e desenvolvimento de ideias de extrema direita.

▪ Sociedade Thule

A Sociedade Thule era uma organização secreta para reunir e apoiar grupos nacionalistas populares antissemitas na Baviera. Foi fundada em Munique, em 1918, por Rudolf von Sebottendorff (1875-1945), na qual a ariosofia (uma doutrina racista que entrelaçou o mundo do pensamento teosófico com teorias raciais e crenças ocultas), o antissemitismo, o orgulho racial, a germanofilia e técnicas esotéricas, bem como eventos de ocultismo formaram uma mistura que mais tarde se revelaria desastrosa.

A Sociedade Thule foi uma organização sucessora da Ordem Alemã fundada em 1912. Entre os seus membros contaram-se logo influentes honoráveis de Munique, entre os quais professores universitários, políticos e médicos. Também a insígnia foi tomada da Ordem Alemã – a roda do sol (a suástica) está atrás de uma espada nua, e entrou para a história com o nome de "cruz gamada". A suástica já naquele tempo era símbolo do nacionalismo e do antissemitismo e por essa razão foi selecionada. Além disso, na teosofia é um símbolo dos arianos. A Sociedade Thule exigia dos novos membros uma a prova de origem "ariana" remontando três gerações. Internamente, a sociedade era organizada à semelhança de uma loja maçônica.

A organização secreta, que aparecia como "Grupo de Estudos da Antiguidade Germânica", tornou-se o ponto focal das ideias de extrema direita, e todas as atividades eram camufladas de forma esotérico-ocultista e pseudo-histórica. Também se desenvolveu dentro da sociedade uma mistura desuniforme de idéias, que mais tarde se tornaria a ideologia do nazismo. A Sociedade Thule contribuiu para a fundação de associações

ALFRED ROSENBERG, RUDOLF HESS

Ordem Alemã

A Ordem Alemã foi uma organização alemã antissemita, fundada em 1912, paralelamente à Sociedade Martelo do Império, uma associação secreta antissemita nacionalista. A organização tinha por objetivo unir diversos grupos antissemitas menores. Ela foi estruturada mentirosamente e aceitava apenas os candidatos com uma "prova de origem ariana". O "ariósofo" Guido List (1848-1919) exerceu forte influência sobre a sociedade secreta, estabelecendo a ligação do ocultismo com a ideologia étnica. A Ordem Alemã foi uma organização de cobertura para o recrutamento de assassinos e deve ter sido responsável por várias mortes de políticos liberais. Em 1916 a sociedade secreta se dividiu e em 1918 deu origem à Sociedade Thule. A Sociedade Martelo do Império se desintegrou após 1919.

políticas, tais como o Corpo de Voluntários de Oberland para lutar contra a república de conselhos de Munique. Além disso, foram estimuladas publicações antissemitas e anticomunistas. A associação também apoiou a fundação do Partido dos Trabalhadores alemão, a célula-mãe do partido nazista, NSDAP. Aos 1.500 membros da época na Baviera também pertenciam Alfred Rosenberg (1893-1946), mais tarde principal ideólogo do Terceiro Reich, e Rudolf Hess (1894-1987), mais tarde adjunto de Hitler. Com a ascensão do NSDAP a influência da Sociedade Thule foi repelida e, por fim, completamente eliminada.

■ Organização Cônsul

Organização Cônsul foi uma organização terrorista subterrânea de extrema direita nas fases iniciais da República Weimar, com o objetivo de derrubar a república por meio de atentados políticos. A associação foi fundada em Munique, em 1920, por Hermann Ehrhardt (1881-1971), como sucessora de seu recentemente dissolvido Corpo de Voluntários. Foi organizada como uma sociedade secreta, que atuava a partir de motivos antiburgueses e extremamente nacionalistas. A organização tinha seus agentes de ligação em todo o Reich, cerca de 5.000 adeptos, dentre os

WALTHER RATHENAU: ASSASSINADO POR MEMBROS DA ORGANIZAÇÃO CONSUL

! Os "Protocolos dos Sábios de Sião" — uma ficção perigosa

No final do século XIX, no contexto do antissemitismo russo, surgiram os "Protocolos dos Sábios de Sião", uma falsificação com consequências fatais. Os protocolos descrevem uma suposta conspiração judaica mundial e trazem de volta teorias de conspiração antigas de séculos. Para alcançar o seu alegado objetivo de dominação mundial os judeus teriam acrescentado ao meio ostensível da democracia o liberalismo, a revolução, a fome e a guerra. Além disso, teriam se apoderado dos bancos, da imprensa e dos partidos políticos, através do que os países cristãos deviam ser enfraquecidos até que finalmente os judeus pudessem assumir o domínio do mundo. Os "Protocolos", provas da alegada conspiração mundial judaica eram divulgados pelas associações russas Centenas Negras, mas já haviam sido escritos anteriormente na Rússia. A sua publicação devia ser considerada como justificativa para o massacre de indefesos cidadãos judeus. As Centenas Negras foram uma brutal sociedade secreta antissemita cuja principal atividade era atiçar sangrentas campanhas de vingança. Os "Protocolos" se tornaram a sua Bíblia. A organização paramilitar lutava pela autocracia do reinado do Czar e das igrejas ortodoxas, e muitas vezes trabalhava com a polícia. Os "Protocolos" também influenciaram *Mein Kampf*, de Hitler; ali ele afirmava que, fossem reais ou falsificados, concordaria com os "Protocolos" de qualquer maneira. Mais tarde, eles foram usados por Joseph Goebbels para fins de propaganda e tornados leitura obrigatória nas escolas.

quais eram formados os comandos de assassinato. Ela estava disfarçada como companhia madeireira e atuava a partir de Munique. A partir da sociedade secreta brotava cada vez mais uma concordância com o assassinato político em si.

Em 1921 membros da organização assassinaram o antigo ministro das finanças do Reich, Matthias Erzberger. Em resposta ao atentado o presidente do Reich, Friedrich Ebert (1871-1925), aprovou uma regulamentação "para proteger a República". A central da organização em Munique foi descoberta e alguns membros da direção foram presos. A organização foi dada como desfeita, porém continuou existindo — tolerada pelo governo da Baviera —, pois o assassinato do ministro dos negócios estrangeiros Walther Rathenau (1867-1922), em 24 de junho de 1922, como foi provado, entrou na conta da organização Consul. Diversos membros foram acusados de "prática de associação secreta" e condenados a penas. Após a dissolução da organização, seus membros se reorganizaram em 1923 como Sociedade Wiking; após a sua proibição em 1928 formaram o Capacete de Aço (organização militante nacionalista, antiparlamentar, na República de Weimar).

Ku-Klux-Klan

A Ku Klux Klan é uma sociedade secreta racista ainda existente nos estados do sul dos EUA. Ela foi criada após a vitória dos estados norte-americanos do norte na Guerra Civil e a libertação dos escravos negros, e reavivada no século XX. A Klan original foi fundada em 1865, no Tennessee, por seis ex-oficiais do exército confederado (exército dos estados do sul). Ela uniu em seu seio todos os defensores da escravatura e os inimigos da União e do Partido Republicano. A Klan foi originalmente concebida como um clube social, cujos membros, no entanto, cedo começaram a brutalizar e atormentar os negros.

Inicialmente a organização não tinha objetivos políticos, mas as suas atividades eram dirigidas contra o governo republicano de reconstrução e seus líderes, nos quais os membros da Klan viam seus inimigos e opressores. Eles também eram convencidos de que a natureza dos brancos era superior à dos negros, e não queriam aceitar que ex-escravos se tornassem cidadãos com direitos iguais. Portanto, a Klan evoluiu para uma

Princípios da Ku-Klux-Klan

Os princípios secretos da organização foram aprovados em uma reunião secreta dos membros da Klan, em 1867, em Nashville, Tennessee. Eles expressavam a sua lealdade para com a Constituição dos Estados Unidos e para com o governo e tornavam-a clara determinação da Klan de "proteger os mais fracos, os inocentes e os indefesos... ajudar as vítimas e os oprimidos, apoiar os que sofrem". Na Assembléia, a Klan assumiu o título de "Império Invisível" (Invisible Empire). No topo do mesmo se situava o "Grão-Mago do Império" (Grand Wizard of the Empire), que era o único governante da Klan; ele era acompanhado de dez "Gênios" (Genii). Na estrita hierarquia abaixo dele se encontravam o "Grão-Dragão do Reino" (Grand Dragon of the Realm), assistido por oito hidras, o "Grão-Titã do Domínio" (Grand Titan of the Dominion), apoiado por seis fúrias, e o "Grão-Cíclope da Caverna" (Grand Cyclops of the Den), com as suas duas "corujas noturnas" (Nighthawks). O mais famoso símbolo da Ku-Klux-Klan é a cruz em chamas. A bandeira de guerra dos confederados também foi vista como um símbolo por algum tempo.

ASSEMBLÉIA DE MEMBROS DA KU-KLUX-KLAN

organização radical, que assumiu dedicar-se ao combate à Reconstrução (fase de reintegração após a guerra civil) nos estados do sul.

Em 1867 a Klan organizou um congresso da sociedade, onde inúmeros grupos locais foram fundidos em uma organização e elaborou-se um constituição comum. O ex-general sulino Nathan Bedford Forrest (1821-77) foi eleito o primeiro "grão-bruxo". Seu poder, porém, era simbólico, já que os vários grupos regionais continuaram a trabalhar de forma independente. No sul dos EUA a Klan já possuía mais de 500.000 membros ativos e inúmeros simpatizantes. Os membros da Klan dirigiam seus atos de violência especialmente contra os ex-escravos negros e seus protetores. Eles se comprometiam à ajuda mútua e ao mais rigoroso segredo, sob pena de morte. Vestidos com mantos ou capas, mascarados e com capuzes pontudos atacavam as suas vítimas e queimavam cruzes nas proximidades, para infundir-lhes medo. Quando esses métodos não produziam os resultados desejados, passavam a chicotear as vítimas, assassiná-las e queimar suas casas. A Klan justificava tais atividades como medidas necessárias à defesa da supremacia dos brancos e à proteção das mulheres brancas. Porém logo a Klan caiu sob a influência de elementos radicais da população. Os inúmeros grupos locais, chamados klaverns, tornaram-se tão descontrolados e violentos que o grão-bruxo da Ku-Klux-Klan (portanto o título oficial) dissolveu oficialmente a sociedade secreta. Mas suas ordens não foram seguidas em toda parte; em muitos estados do sul a violência inclusive aumentou. No entanto, a Klan perdeu gradualmente em influência.

Em 1915 a Klan foi novamente fundada e chamou-se oficialmente "Invisible Empire, Knights of the Ku-Klux-Klan" ("Império Invisível, Cavaleiros da Ku-Klux-Klan"). Ela surgiu sob a influência do filme The Birth of a Nation, no qual a Ku-Klux-Klan original era glorificada e mistificada. Todos os homens nativos, brancos, protestantes com mais de 16 anos podiam se tornar membros da nova organização. Negros e católicos estavam excluídos. Após 1921 a Klan recebeu um grande influxo de membros e cresceu nacionalmente em influência política. Em 1924, no ápice de seu poder, a Klan tinha um contingente estimado em três milhões de membros. Desavenças e cisões, diminuição nas filiações assim como a crise econômica mundial levaram a um novo fim da sociedade secreta. O dirigente da Klan na época, Wesley H. Evans (1881-1966), vendeu a organização, cujos novos dirigentes tentaram se ligar aos nacional-socialistas. Em 1944 a Klan não conseguiu recolher seus impostos e foi formalmente desativada. Depois da guerra as atividades foram retomadas outra vez, no entanto, a ampla exposição pública se voltou contra a organização e levou à sua extinção. A Klan sofreu um sensível revés em seu reduto nacional na Georgia quando o governo decretou a Klan-Charta. Daí a Ku-Klux-Klan se desfez em inúmeros grupamentos independentes, concorrentes entre si. Estes também foram ativos nos estados do norte da União, para manter em pé as prerrogativas da população branca, protestante, anglo-saxônica contra grupos populacionais diferentes, de outra cor e de outras crenças.

Após a adoção das leis dos direitos dos cidadãos dos EUA, de 1964, a Klan registrou novamente um aumento perceptível no número de membros, tendo, em 1965, 40.000 membros estimados. Ela se tornou particularmente ativa e foi responsabilizada por muitos atentados a bomba e assassinatos nessa época. Apesar de suas tentativas malsucedidas de evitar por meio da violência a aplicação dos direitos dos cidadãos no sul dos EUA, a Ku-Klux-Klan permaneceu até a atualidade como um pequeno grupo militante e entrou em ligações parciais com organizações de extrema direita. Hoje se estima o seu número de membros em cerca de 7.000. Desde 1995 a Ku-Klux-Klan combate comunidades religiosas negras em evidência. Nos últimos anos mais de 160 igrejas, na maioria comunidades afro-americanas, foram destruídas por atentados incendiários da Klan ou por suas vizinhanças racistas.

⁓ **SOCIEDADE SECRETA OU REDE?** ⁓

As estruturas das sociedades secretas e das redes às vezes se assemelham muito. A admissão no mínimo não é fácil de conseguir assim sem mais e as ações, isto é, as dimensões do poder, são com frequência inescrutáveis. Um exemplo de uma rede tão cercada de segredo são os Bilderberger, uma associação que se reúne uma vez por ano. Trata-se de um encontro informal, que aconteceu pela primeira vez em 1954 no Hotel Bilderberg — de onde provém o nome do grupo —, em Osterbeek, Holanda, sob patrocínio do príncipe holandês Bernhard zur Lippe-Biesterfeld (1911–2004), esposo da então rainha Juliana (1909-2004), da Holanda. Esse primeiro encontro privado de influentes personalidades da vida pública iria ocorrer pouco depois da II Guerra Mundial, numa época em que os resultados da catástrofe do nacional-socialismo ainda estavam na memória.

Tratava-se nessa convenção altamente confidencial de fortalecer a democracia na Europa e aproximar mais os Estados Unidos para avaliar melhor os problemas. Desde então todos os anos acontece uma conferência informal durante três dias, na qual se discutem determinados temas atuais, mas principalmente os problemas da economia mundial e dos relacionamentos interncionais. O evento, também hoje, é altamente confidencial.

As figuras dirigentes da ciência, da economia e da política que nele tomam parte chegam independentemente de filiação político-partidária, de modo a possibilitar uma discussão factual. Ao final de uma Conferência de Bilderberg não são feitas declarações finais, nem são dadas a público quaisquer particularidades das conversações. A imprensa internacional não é admitida e por isso há apenas notícias esparsas sobre os encontros dos Bilderberger, apesar mesmo de se encontrarem entre os participantes convidados muitos nomes de dirigentes do mundo da mídia. Os convites são feitos pelo presidente e pelos dois secretários-gerais honorários. Os participantes, geralmente por volta de 120 pessoas, são escolhidos de tal forma que se possa garantir uma

PRÍNCIPE BERNHARD DA HOLANDA

HELMUT SCHMIDT DURANTE A CHEGADA PARA A CONFERÊNCIA DE BILDERBERG, EM 1967

discussão equilibrada sobre os pontos pré-estabelecidos pelos organizadores oficiais na ordem do dia. Como não se trata de nenhuma organização formal, não existe filiação nem quaisquer estatutos. A presidência foi mantida pelo príncipe Bernhard durante 22 anos. Daí por diante a presidência é transmitida regularmente a personalidades importantes.

Diante de tanto segredo e carência de informações, não é surpresa que o nome "Bilderberger" se tornasse rapidamente um sinônimo de sociedade secreta que provavelmente representaria uma maquinação internacional. Já por si, o segredo sobre os temas de discussão das conferências proporcionava repetidamente material para teorias de conspiração. Atrás disso se esconde – como tão frequentemente – a suposição de uma conspiração mundial através de um pequeno grupo muito influente, semelhante a sociedades secretas como os maçons ou os illuminati, judeus ou capitalistas. No entanto hoje se pode afirmar com certeza que os Bilderberger não representam uma sociedade secreta, mas antes uma rede.

∼ SOCIEDADES SECRETAS HOJE ∼

As sociedades secretas existem desde o início da história da humanidade. Também hoje elas existem, com as mais variadas características, e ainda serão parte da sociedade no futuro. Como em épocas anteriores, elas ainda hoje exercem grande influência no pensamento e nas ações de seus membros e, através destes, na sociedade, na economia e na política.

A atuação das ordens secretas esotéricas, por exemplo, é às vezes subestimada, pois elas não perseguem o objetivo de influenciar a economia ou a política. Mas, como têm seus membros inteiramente sob controle, bem poderiam, especialmente em tempos de crise, exercer influência sobre a opinião pública – e é aí que reside o verdadeiro perigo que provém de sociedades secretas desse tipo. Elas não apenas se comprometem com a busca da verdade, como podem provocar grandes danos como instrumentos de charlatães, que abusam das pessoas para alcançar os seus objetivos.

Como as sociedades secretas atuam quase numa espécie de zona cinzenta, o limite entre sociedades secretas e seitas se mostra indistinto; elas não se deixam mais ordenar exatamente. Uma seita pode ser descrita como uma forma de sociedade religiosa cuja raiz é o protesto radical contra doutrinas, regras e autoridades de uma instituição mais antiga.

Ao lado das associações esotéricas existem hoje as diferentes ordens de cavalaria, que se percebem como seguidoras dos legendários templários, tendo porém se afastado de quaisquer questões relativas às cruzadas. Sua meta principal é a prática da vida cristã e da ajuda caritativa. Isso é particularmente conhecido em relação às ordens religiosas de cavaleiros dos malteses e dos joanitas, cuja formação foi baseada na proteção e aprovisionamento dos peregrinos na Terra Santa. A sociedade secreta mais forte ainda hoje ativa mundialmente é a dos maçons, cujo princípio é: não estabelecer limites, porém superá-los para conduzir a humanidade para o melhor. A política e a religião não têm absolutamente nada a ver com o trabalho das lojas. No que se refere a sociedades secretas políticas, no final do século XX um tipo completamente novo de tais associações secretas se desenvolveu – a rede. Os membros das sociedades não eram mais apenas uma parte de sua organização secreta, mas traziam consigo sua personalidade inteira para o trabalho da sociedade e também a modificavam. As redes assim formadas são associações informais que não são visíveis publicamente. De certo modo elas constituem um tipo de sociedade secreta, porém não possuem rituais, doutrinas secretas ou estruturas hierárquicas; trata-se muito mais da colaboração mútua entre grupos de interesses. Naturalmente elas agem de modo encoberto e coordenam suas ações. No entanto, um único princípio vale nessas redes: o próprio progresso e a própria carreira. Uma rede se distingue de uma sociedade secreta fundamentalmente porque não é construída sobre valores, como uma sociedade secreta, que muitas vezes tem uma longa história e tradição. Parece, enfim, que as sociedades secretas também – ou talvez exatamente – continuarão existindo em nosso mundo moderno.

CRUZ DE MALTA